JN322822

実践 イメージ療法入門

箱庭・描画・イメージ技法の実際

福留留美

Introduction of
therapeutic imagery approach
Fukudome Rumi

金剛出版

イメージ体験を共にしてくださった方々へ感謝を込めて

箱庭による「危機感覚」を「安全感覚」に繋ぐ工夫①（理論編第6章）

箱庭2　箱庭を作った後，クライエントは「しんどくなってきた」と硬い表情で固まってしまいました。〈どうしたら少しでも楽になれそうですか？〉と声をかけると，「気の休まるところがあったらいい」と林の部分を見つめていました。(本文42頁)

箱庭3　林の木を動かし，砂を丁寧に平坦にならして，真ん中に池を作り始めました。そして，池に魚やザリガニやカエルを置いて，ようやく安堵の表情を浮かべました。(本文42頁)

箱庭による「危機感覚」を「安全感覚」に繋ぐ工夫②（理論編第6章）

箱庭4　クライエントは，猛獣のいる部分をみつめたまま動かなくなってしまいました。(本文43頁)

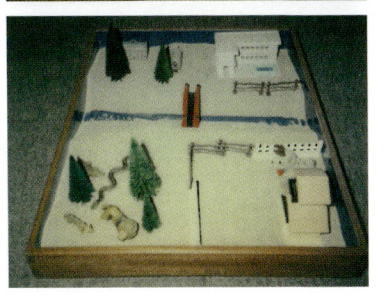

箱庭5　〈どうしたら，少しでも楽な感じが感じられるでしょうか？〉と声をかけると，「ここを小さくする」と言いながら，猛獣を寄せ，家の庭の部分を拡げました。(本文43頁)

箱庭による「危機感覚」を「安全感覚」に繋ぐ工夫②

箱庭6　次に庭に花を植えて，微かな安堵の表情を浮かべましたが，まだ納得できなかった様子で，さらに猛獣のいる所を柵で囲いました。
(本文43頁)

箱庭7　しばらく考えた後に，猛獣の領域にあった木を抜いて，家との境界部分に並べ，家からは猛獣が見えにくい状態にして小さく囲いました。その後，やっと安心した表情になりました。
(本文43頁)

絵画1　熊田千佳慕の「宿敵」：「(オサムシは)天敵のヒキガエルに出あいました。…私はこの絵をかいているとき，オサムシがかわいそうになったのです。…そこで，ミツバチをかき，ヒキガエルの目をそらしてしまう…そのすきに，オサムシをにがしてやろうと思ったのです。…」　(本文45頁)

箱庭10　吃音の事例：学校の前に両手を広げた白いマントのお化けとベンチの上に赤ん坊を置き，「今授業中なのに，私(赤ん坊)は公園にいて静かな風景を眺めているところ」と語りました。　(本文81頁)

閉眼壺イメージ法：対人恐怖の事例（実践編第 11 章）

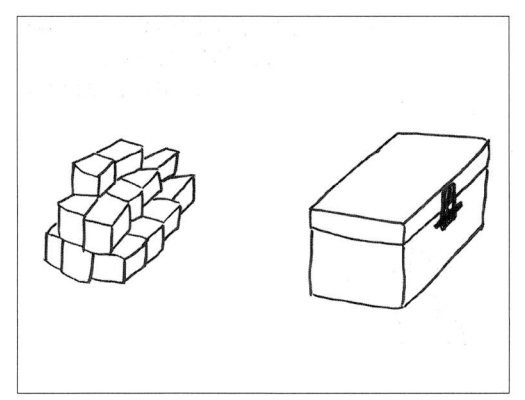

［図：嫌なものが入った沢山の小箱と金庫］

#54：「嫌なものが入った沢山の箱を金庫に入れて，鍵をかける」
　　　（本文 111 頁，図 11-8）

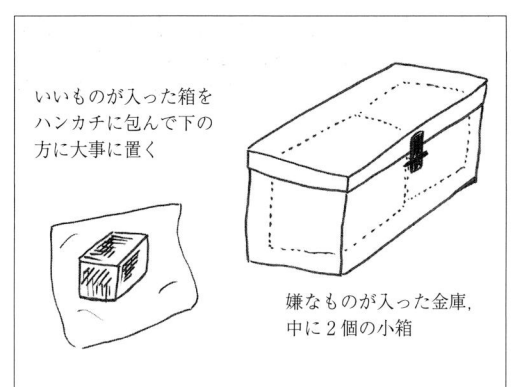

［図：いいものが入った箱をハンカチに包んで下の方に大事に置く／嫌なものが入った金庫，中に 2 個の小箱］

#56：「金庫の中が二つの小箱に分かれた」「いいものが入った箱をハンカチに包んで下の方に大事に置いておく」
　　　（本文 111 頁，図 11-9）

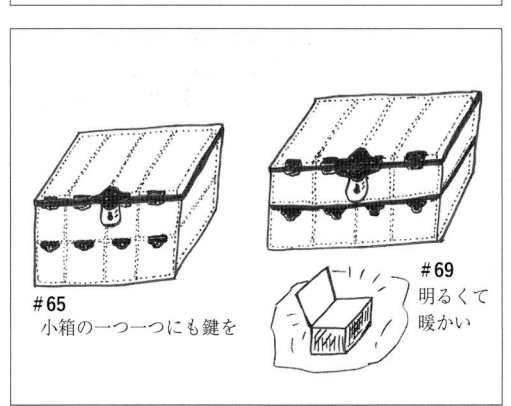

#65：「8 個の小箱一つ一つにも鍵をかける」
　　　（本文 113 頁，図 11-11）

#65 小箱の一つ一つにも鍵を
#69 明るくて暖かい

#69：「上段と下段の間に仕切り版を入れる」と言った後，初めていい箱を開けて，「明るい…なんか暖かい感じがしてくる」と語りました。

開眼壺イメージ法：摂食障害の事例（実践編第 12 章）

＃3：「空っぽの乾いた5つの壺。
　　　私と見守る女の人」
　　　　　（本文 135 頁，図 12-4）

＃4：少しだけ水の入った壺を
　　　覗き込んでいるところ。
　　　　　（本文 137 頁，図 12-6）

＃5：壺に小さい水差しで水を
　　　注いでいるところ。
　　　　　（本文 138 頁，図 12-7）

閉眼壺イメージ法と開眼壺イメージ法の併用：将来への不安を抱えた研究員の事例
（実践編第13章）

#9：舞台の上の3つの壺に近づいて中を覗いているところ。
　　　　　（本文156頁，図13-2）

光の素　　ヨーグルト

#31：「壺が一つになって，いろいろなものが入っている」
　　　　　（本文162頁，図13-3）

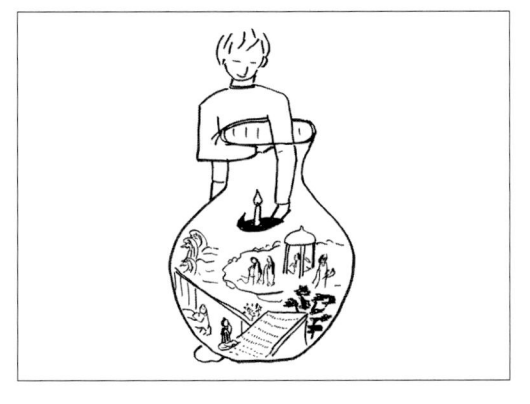

#38：壺の内側に鮮やかな絵巻の紋様。下まで灯りを下げて覗いているところ。
　　　　　（本文163頁，図13-4）

今の自分の状態を振り返る「イメージ描画による感情調整法」（展開編第14章）

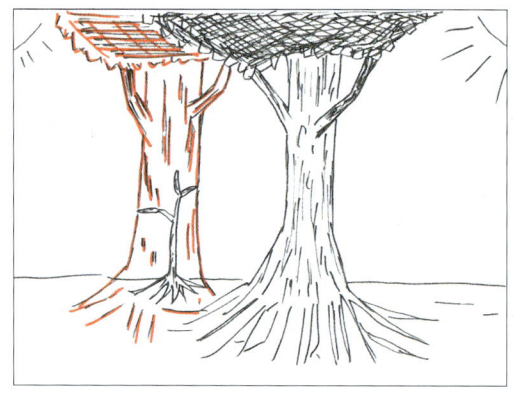

成長・自立を希求

「左の小さい木が自分だと思う。右の大きな木に守ってもらっている一方で，逆に日の光を遮られたりして成長を阻害されている…左にもう一つ太陽を付け加えたが，二つの太陽はあり得ないから，自分が成長するためには，自分の力で根を張っていかなければならないと改めて感じた」

(本文178頁，図14-3)

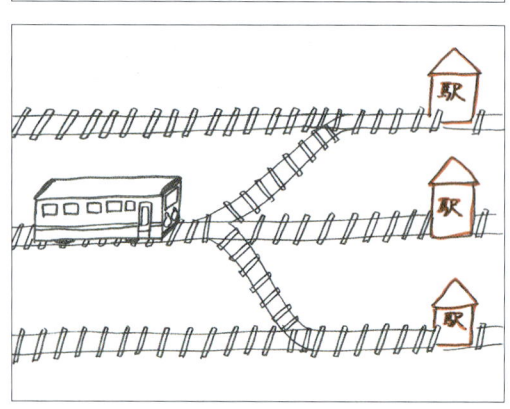

道しるべを希求

「電車と線路だけだったが，それに駅を付け加えた。…駅を付け加えることで，闇雲に走るのではなく，自分の目的地に向かって進むという意味合いが増した。最近では，後先を考えないで行動することがあるので，もっと目的意識をもってそれに向けての行動を大切にしていこうと思った」

(本文178頁，図14-6)

支えや援助を希求

「左下の手を加えた。卵から何か生まれるとき，テーブルから卵が落ちても，生まれる何かは無事かな。安心した」

(本文179頁，図14-7)

はじめに

「イメージって胡散臭いよね」

　そんな声が雑踏の中から聞こえてきました。今から20年ほど前の日本心理臨床学会でのことです。イメージ関連のシンポジウムが終わり，会場から大勢の聴衆が連なって出ていく，そんな中で耳に飛び込んできた言葉でした。当時，私は壺イメージ法を使って臨床的に有効な事例をいくつか経験していましたので，大変残念な気持ちになりました。そして，「イメージって，そんなに特殊なものではないし，異常な現象でもない。誰でも体験しているものだから，この誤解を解いて，もっとイメージ法のことを知ってもらいたい」と考えるようになりました。この本を上梓した一番の動機は，そこにあります。

　臨床場面でイメージ法の有効性に手応えを感じ，その後も臨床の重要なツールとして活用してきました。そうしながら，自分自身のためにも，人生の節目節目で切羽詰まった状況で自分のためにイメージを使うようになりました。イメージに教えられ，救われたという経験を幾度かしました。それらの経験が，この本を書きたいと思った二つ目の動機です。以下にその辺りのことを綴ってみようと思います。

　一つ目は，15年近く前のことになりますが，私が九州大学に赴任して半年が経とうとしていた頃のことです。教員として，また研究者としてまったく自信がないまま，喘ぐように毎日を過ごしていました。周りの同僚が立派に見え，実際，著名な研究者たちも多く，それに比べて自分はなんと価値のないちっぽけな存在かという思いが心の中で何度も繰り返されていました。学生たちの自分に対する評価にも怯えていました。前期の授業をやっとの思いで終え，夏の休暇に入ったある日，研究室の椅子に座り，ひととき息をつける感覚を感じな

がら，ふと呟いてみました。「今，自分はどんな状態でいるんだろう」と。椅子に深く座り，深呼吸をして目を閉じました。しばらくすると，あるシーンが浮かんできました。大きな大きな大海原，まるで太平洋のような広い海で，私が沈んだり浮かんだりしながら，手や腕だけが海面から伸び，今にも溺れそうに時々頭部が見え隠れする，そんなイメージでした。実際に私が金槌ということもあり，そのシーンを見ながら，沈みかける息苦しさをリアルに体に感じました。このイメージは，当時の自分の状態を教えるのに十分でした。このようなとき，自分の中から生まれ出たイメージをどう受け止めるかが大変重要であると私は考えています。自らの深い底から浮かび上がってきたイメージを，自分に声援を送る力にするのか，さらに追い打ちをかけて窮地に追い込む破壊力にするかの分かれ目が，ここにあると思います。イメージそのものが示唆に富む内容を含み，またイメージ体験そのものが人を導く力を持っているということは確かなのですが，それと同時に，イメージ体験をどのように受け止めるか，つまり自分自身のイメージとどう付き合うかという，イメージとの関係性の在り方が，その後の人生の展開に大きく影響を与えるだろうと考えています。「こんなに溺れそうになっている自分って，なんて情けないんだろう」と受け止めてしまえば，もっと落胆し，自己批判の淵にさらに深く沈み込むでしょう。このとき私は，「あー，今自分はこんなに危ない状態になっているんだ。だからこれ以上，自分を追い詰めてはいけない。不満足でも，それに耐え，自分を許すことを今はしなければ」と受け止めました。それからは，自分の中の焦りの感覚をもう少し俯瞰した視点を持って捉え直すことができるようになりました。自分で自分を追い詰めるということが減ったように思います。

　また，その翌年のことでした。思いもかけず2003年に日本心理臨床学会から奨励賞を授与されました。自信のなかった私には，そのまま進んでいいよと背中を力強く押していただく貴重な経験となりました。受賞の翌年に，記念講演をすることになっていましたが，その前夜のことでした。ホテルの部屋で，翌日の講演の練習をしていた時のことです。不安に耐えられなくなり，その時の切羽詰まった緊張感をイメージでどうにかできないかと想いを巡らしていました。「何かその不安な気持ちが入っていると思える壺のような容れ物はないだろうか」と自問してみました。体育座りになり顔を伏せて目を閉じて，イメー

ジが現れるのを待ちました。しばらくして浮かんで来たのは、一辺が50センチほどの木の箱でした。少し古びていて、自分が感じているしんどさの程度に比べて意外に小さいなあと感じたことを憶えています。蓋はきっちりと閉じられた状態でした。不安感が和らぐように、どこか遠くに置いておこうと考えました。しかし、なぜかその箱を動かすことはできませんでした。心の中でちょっと動かしてみるのですが、すぐに目の前の位置に戻ってくるのです。おかしいなあ、なぜだろうと自問しながら、その箱をイメージの中で触ってみることにしました。箱に触れる動きを、実際に手を動かす動作を伴ってやってみました。すると不思議なことに、だんだんとこの箱に対して愛おしいという気持ちが込み上げてきました。自分でも驚いていると、この箱の中に入っているものは、自分にとって大事なものなのだという感じがしてきました。自分を容赦なく追い詰める苦悩の元凶ではあるのですが、それは今まで自分が頑張ってきた部分でもあり、それがあるからこそ今の自分があるのだということに思い至りました。そのような考えが頭を巡る中で、そのままイメージの中で木箱を大事に抱え撫で続けていると、不思議なことに箱は透明感のある大きな青白磁の壺に変わっていきました。両腕で円を描いたくらいの、ちょうど胸の中で抱きかかえられるくらいの大きさです。撫でるとつるつると気持ちのいい感触があり、心の焦りと体の火照りの両方を優しく鎮めてくれる感覚がありました。翌日の講演は、その壺を抱いて頬擦りするイメージを心に抱えながら行いました。知人からはたいへん落ち着いて見えたと言ってもらえました。実際に心地よい程度の緊張感がありながら、一方で胸の辺りに満ち足りた感覚を保ったまま話を終えることができました。その後も、この壺は"安心の壺"として、私を支え続けてくれています。節目節目でこの壺がどうなっているか確かめるのですが、この壺自体、その時々で姿を変え成長し、変化しています。自分の背丈より大きな壺になっていて、びっくりしたこともあります。鉄の壺に変化している時期もありました。

　最後にもう一つの経験を書こうと思います。連れ合いが5年前の、5月にしては蒸し暑いある日、急性心不全であっという間に亡くなってしまいました。その事実を実感を持って感じることができるようになったのは、つい最近です。当時、ほとんど何も感じることができないまま、目の前の仕事だけを心が宙に

浮いた状態で，とりあえず形だけはこなしていたように思います。その頃は，仕事のない休日は，朝からふっとお酒を口にするようになっていました。寂しくて泣くわけでもなく，ほとんど感情のないまま，酔うことで何かを紛らわしていたのかもしれません。主人が亡くなって数カ月が経った頃，台所の戸棚を開けて，びっくりしました。日本酒の入った一升瓶が空になっていたのです。確か少し前に開けたばかりの一升瓶です。これには自分でも驚きました。「あー，アルコール依存ってこんなにしていればすぐになれるんだな」と感じたのを覚えています。そこで，「今自分はどういう状態なんだろう」と目を瞑ってイメージが感じられるのを待ちました。すると，何か左後ろの離れたところに，沼のようなものが感じられました。周りは泥地で，そこに不用意に近づくと足から引っ張り込まれて沈んでしまいそうな感覚が想像できました。「あー，あそこには近づいてはいけないな。足を取られてどうしようもなくなる。不用意に近づかないようにしなければ」とからだの感覚で感じました。連れ合いの死を巡る思いと自分との関係が，背後の沼と自分との関係としてよくわかりました。それ以降は，左後ろにある沼の情景を時々手繰り寄せて，自分の状態を知る手掛かりにするようになりました。そうしているうちに，沼のまわりにうっすらと笹竹の囲いのようなものが感じられるようになり，沼自体は遠目では見えなくなりました。3年が経つ頃には，竹の若葉がそよそよと風に揺らいでいるのを感じました。沼が竹の間から見えますが，以前の沼とはまた違った雰囲気の，沼というより池か小さな湖が広がっているようにも見えました。今は，若竹ではなく，もう少し成長したしっかりとした緑色の竹林のように感じられています。

　このように振り返ってみますと，危機的な状況の中で，イメージがいかに私を深いところで支えてくれたかということや，自分の変化と成長に伴ってイメージも変化，変容してきたということ，また，イメージの在りようから普段意識できない自分の状態について知ることができたということがわかります。
　人は，知的に了解できる合理的な世界にだけ生きているのではありません。その下にはからだの感覚を基盤に持つ豊かな深く広いイメージの世界があり，それらが人を支え，導くことを行い，一方でまた足を引っ張り，時には破壊の淵まで追い込むのだと思います。イメージを，人が生きるための味方にするに

はどうしたらいいかということを考えて書いた本です。読んでくださった心理臨床家の方に，なにか一つでも役に立つことがあれば幸いです。

2015年　2月
福留留美

目　次

序：【案内編】初めてイメージ法に触れる心理臨床家に
第1章　イメージを体験するには ……………………………………… 13
1. リラックスした気分で，感じるままを受け止める ……………… 13
2. イメージの中で視線を上，左右，足元と動かしてみる ………… 14
3. 視覚以外の身体感覚や五感，気分に注意してみる ……………… 14
4. イメージの情景を少しだけ変化させてみる ……………………… 15

第2章　臨床的に重要なイメージの性質について ………………… 16
1. イメージは閉眼でも開眼でも感じられ，両者は異なる機能を持つ …… 16
2. イメージは手掛かりであり，大事なのはその基盤にある身体感覚や気分 … 17
3. イメージには自律性と制御可能性の両面がある。それぞれ異なる性質を
　 持つが，基盤は共通してからだにある ………………………… 17

第Ⅰ部【理論編】
第3章　イメージ体験とイメージ療法について ………………… 21
1. 現実体験世界とイメージ体験世界の関係 ……………………… 21
2. イメージ療法について …………………………………………… 22
3. 他の技法との違い ………………………………………………… 23
4. イメージ療法で目指すもの ……………………………………… 24

第4章　イメージ表現法におけるセラピストの役割 …………… 26
1. イメージ表現法で期待された従来のセラピストのスタンス …… 26
2. 本書で提示したいセラピストの役割 …………………………… 28

第5章　「安全感」に向けた「危機感覚」の覚知と「安全感覚」の育成 …… 31
1. 「安全感」の概念 ………………………………………………… 31
2. 「安全感」と「体験的距離」 …………………………………… 32
3. 「安全感」の基盤となる「危機感覚」と「安全感覚」 ………… 34

第6章　イメージ表現法による「危機感覚」と「安全感覚」を繋ぐ臨床的工夫
……………………………………………………………………… 36

1. 閉眼フリー・イメージ法を用いたAさんの事例から:「危機感覚」に気付き,安全を守る行動をイメージで工夫する ……… 36
2. 箱庭を用いたBさんの事例から:「危機感覚」を「安全感覚」に繋ぐ方法を箱庭で工夫する ……… 40
3. 熊田千佳慕の絵画から:「危機感覚」から「安全感覚」を取り戻そうとしたイメージ ……… 44

第7章 イメージの「自律性」と「制御可能性」 ……… 47
1. イメージの「自律領域」と「制御可能領域」 ……… 47
2. 「制御可能領域」への働きかけによって起こる「自律領域」の変化 ……… 48
3. 「制御可能領域」への働きかけとセルフ・コントロール ……… 50
4. 二つの相反する心的態度:「自律領域」を"受け止める態度"と「制御可能領域」に働きかける"工夫する態度" ……… 51

第8章 イメージ表現法におけるセラピスト-クライエント関係 ……… 52
1. セラピストの「安全感覚」とクライエントの「安全感覚」 ……… 52
2. 「安全感覚」の育成とセラピスト-クライエント関係 ……… 53

第9章 イメージ法の適用と注意点 ……… 56
1. どのような時に,何を目的にイメージ法の導入を考えるのか ……… 56
2. イメージ過程全体を通して目指す援助の道筋 ……… 57
　（1）危険な感覚の覚知と安全な感覚の育成 ……… 57
　（2）"楽になる工夫"を通して,苦悩感・不安感の軽減と緩和 ……… 58
　（3）現実や生活レベルでの行動の変化 ……… 58
3. イメージ法の禁忌と導入に当たっての注意 ……… 59
　（1）禁忌 ……… 59
　（2）イメージ法導入に当たっての必要な見立て ……… 59
　（3）言葉の交換過程はイメージの交換過程である ……… 60

第10章 壺イメージ法について ……… 62
1. 壺イメージ法の標準的手続きと運用の原則 ……… 62
　（1）壺イメージ法誕生の背景 ……… 62
　（2）壺イメージ法の標準的手続き ……… 62
　（3）壺イメージ法の運用の原則 ……… 63
2. 壺イメージ法の特性と関連して ……… 64
　（1）領域の細分化と壺の複数性,枠の重層性 ……… 64
　（2）たとえるなら,「庭全体」ではなく,一つ一つの「鉢」の手入れ ……… 65

第Ⅱ部【実践編】

第11章 閉眼イメージ法 ……… 69
1. 心理面接における導入準備から終了までの手続き ……… 69
　（1）導入の準備段階（説明と提案,開眼による練習） ……… 69

　　　　　(2) 導入 ……………………………………………………………… 71
　　　　　(3) 展開中の質問と言語化 ………………………………………… 72
　　　　　(4) 展開中のプロセスと介入 ……………………………………… 73
　　　　　(5) イメージ終了 …………………………………………………… 74
　　　　　(6) イメージ・セッション終了後の言語面接 ………………… 75
　　2. 閉眼イメージの適用事例 ………………………………………………… 76
　　　　　(1) セラピスの自己理解：仕事ぶりを振り返るイメージ …… 76
　　　　　(2) 吃音：壺の中の恐怖対象と向き合うイメージ …………… 80
　　　　　(3) 強迫性障害：山の峰まで果てしなく続く壺の列のイメージ … 91
　　　　　(4) 摂食障害：地平線の向こうまで続く絨毯を完璧に巻くイメージ … 99
　　　　　(5) 母親との葛藤：現実対応に向けて怒りを調整するイメージ … 105
　　　　　(6) 対人恐怖：箱の枠を幾重にも重ね鍵をかけて安心を確かめたイメージ … 110
　　3. 病態レベルによる照準の違い …………………………………………… 115
　　　　　(1) 病態レベルによる援助目標の違い ………………………… 115
　　　　　(2) 「安全感覚」と「安全枠」の繋がり ……………………… 116

第12章　開眼イメージ法 ……………………………………………………… 118
　　1. 開眼イメージ法の提唱 …………………………………………………… 118
　　　　　(1) 閉眼イメージ法から開眼イメージ法への展開の経緯 …… 118
　　　　　(2) 開眼イメージ法の導入を考える時 ………………………… 119
　　　　　(3) 閉眼イメージ法へ繋ぐ準備段階としての開眼イメージ法の活用 … 119
　　2. 「開眼壺イメージ法」の手続き ………………………………………… 120
　　3. 「開眼壺イメージ法」の適用事例 ……………………………………… 122
　　　　　(1) 終末期医療に関わる看護師のセルフケアの事例 ………… 122
　　　　　(2) 母親から侵入される不安に圧倒されていた大学生への対応事例 … 124
　　　　　(3) 入学直後に過喚起発作を起こした大学生の事例 ………… 125
　　　　　(4) 母親からの巻き込み体験を扱った事例 …………………… 127
　　　　　(5) いじめのトラウマで対人交流に不安のあった事例 ……… 129
　　　　　(6) 摂食障害の自己イメージの変化 …………………………… 134
　　4. "気になる壺" 開眼イメージ法 …………………………………………… 142
　　　　　(1) 手続き …………………………………………………………… 142
　　　　　(2) "気になる壺" 開眼イメージの適用例 ……………………… 144
　　5. "安心の壺" 開眼イメージ法 ……………………………………………… 147
　　　　　(1) 手続き …………………………………………………………… 147
　　　　　(2) "安心や癒しの壺" 開眼イメージの適用例 ………………… 148

第13章　開眼イメージ法と閉眼イメージ法 ………………………………… 151
　　1. 開眼イメージ法と閉眼イメージ法を併用した事例 …………………… 151
　　2. 開眼イメージと閉眼イメージの比較 …………………………………… 167
　　　　　(1) 意識レベルと体験の質の違い ……………………………… 167
　　　　　(2) イメージにおける層について ……………………………… 168

第Ⅲ部【展開編】
第14章　教育現場におけるイメージの活用 173
1. 大学生に対する「イメージ描画による感情調整法」の実践 173
(1) 導入の手続きと教示 174
(2) イメージ描画の内容分類 176
(3) イメージ描画に表れた現状認識と描画後の気分の変化 180
(4) 「イメージの外在化作業」で起こる自己認識の深まり 183
2. イメージを用いた自分との付き合い方についての比喩的メッセージ：「自分という馬との付き合い方」 184
第15章　Aさんの5年間にわたるイメージの展開と15年後の変容 186
1. 5年間のイメージの展開 186
(1) イメージや夢に現れ始めた体験様式の変化 186
(2) イメージ層の深化に伴うペースの調整：イメージ体験中の体調不調 187
(3) イメージ層の深化：動物たちの島の出現，攻撃と傷つきと手当て 187
(4) イメージ層の深化とイメージの幕の重層化：繰り返す攻撃と傷つき，その手当て／恐怖対象への感情移入 188
(5) イメージの幕の更なる重層化：女の子の旅立ち，動物たちもそれぞれの「居場所」を求めて大移動を始める 189
(6) 女の子と男の子が成長して，結婚／島に大勢の人々や漫画のキャラクターが集う／誕生の苦しみ 190
(7) 昔体験した感情や身体感覚が，日常的に近いものとして追体験された 191
(8) イメージの全景が見渡せ，輝く未来都市の出現／獰猛な動物たちがそれぞれの「居場所」に落ち着く／恐怖対象の細部まではっきりと見え，恐怖を感じなくなる 192
(9) 傷ついたキリストをみんなで助ける／人々と動物たち，漫画のキャラクターたちも「居場所」に落ち着く 193
(10) 傷ついた女の子が弥勒菩薩のように光を放つ／女の子の世話をめぐる祖母，父母の確執への思い 194
(11) 女の子の手当てと脱皮／ワニやヘビのメタモルフォーゼ／葬送 196
(12) ヘビは焼き尽くされ，焼け跡の骨と歯から薬を作る／キャラクターたちに花束が贈られる 196
(13) 日常生活では，体が若くなり気持ちが自由で，エネルギーが湧く感覚 198
(14) 修道女が後始末，焼け跡から花や芽生え 198
2. その15年後のイメージの変容 199

あとがき 207

序

【案内編】
初めてイメージ法に触れる心理臨床家に

第1章

イメージを体験するには

　心理臨床にはさまざまな療法や技法がありますが，それをうまく使いこなせるようになるためには，言うまでもなく自身が身をもってその技法のさまざまな局面を体験している必要があります。ここでは，イメージ法というものに初めて触れる心理臨床家のために，イメージがどのようなものなのか，まず体験してもらいたいと思います。

1. リラックスした気分で，感じるままを受け止める

　しばらくの間この紙面から視線を外し，深呼吸をいくつかしてください。そして，ゆったりとした気分（リラックス）で遠くを眺めながら"海のシーン"を思い描いてください。目を開けたままでも構いませんが，もう少しその世界に浸りたいと思ったら，目を閉じてみてください（開眼・閉眼）。そうして1～2分の間，ご自分のイメージ世界に触れてみてください。なんとなくでも，海のシーンのようなものが感じられた人は，またこの紙面に戻ってきてください。

　何か"海の景色のようなもの"が感じられたでしょうか。初めから鮮明な像が浮かぶことを期待しないでください。たとえば，水平線のようなものがうっすらとでも感じられたならば，初めはそれだけで十分です。
　部分的な像でも，浮かぶままにぼんやりと眺めている（受動的注意集中）と，だんだんと経験を重ねるうちに実在感をもって感じられるようになります。浮かんだ像の意味を考えたり，ただの想像や記憶像だと知的に判断して見えているイメージを否定したり，もっとはっきり見ようと頑張り過ぎたりすると，意

識レベルの活動が優位になります。その結果，自然な流れであるイメージの自律性（藤岡，1974）が阻害されて，イメージの流れが止まったり，イメージそのものが消えてしまったりします。ですから，自分の中から浮かんできたものを，浮かぶままに評価せずに受け止めるというイメージの見方，心の構えが，イメージを体験するための基本条件となります。

2. イメージの中で視線を上，左右，足元と動かしてみる

　では次に，海の上の方，空はどのようになっているか見てみましょう。上の方に視線を動かしてみてください。目を閉じても構いません。空の様子を確かめてください。空の状態が確認できたら，次に，視線を右側に移してみましょう。右側の方には，どんな風景が広がっているでしょうか。続けて，左側の方も眺めてみましょう。どんな風景が感じられるでしょうか。では最後に，視線を自分の足元に移してみてください。今あなたは，どんな所に，どのような状態でいるようですか。……立っているようですか。それとも座っているようですか。ゆったりとした呼吸のまま，視線を動かして，確かめてください。
　紙面からしばらく目を離して，確かめてみてください。ゆっくりと全体を感じることができたら，また紙面に戻ってきてください。

3. 視覚以外の身体感覚や五感，気分に注意してみる

　"海の風景"にもう少し長い時間をかけて浸っていると，波の音が聞こえる感じがしたり，潮の香りや砂の感触など視覚的なもの以外の身体感覚や五感の感覚をリアルに感じることができるようになります。また，穏やかな凪の海，太陽が沈みかけている夕焼けの海，雨風が吹き荒れる海など，眺めているシーンの違いによって，それを見ている時の気分に違いがあるはずです。それぞれのシーンに伴って，心が温かく静かな感じ，なんとなく物悲しい気持ち，不穏な気分などが感じられるのではないでしょうか。心理療法においては，イメージのシーンと共に生起するこのような感覚や気分が，どのように体験されているかが大事なポイントになります。

4. イメージの情景を少しだけ変化させてみる

　先ほどの"海"の場面に，変化を加えることをしてみましょう。
　少し風が出て波が大きくなってきました。空にもだんだん厚い雲が広がり始めました。さて，そのときに感じられる気分には，どのような変化があるでしょうか。気分の変化に注意してください。
　次に，風は徐々に収まり，空を覆っていた厚い雲は，動き始めました。再び陽光が射してきました。ゆっくりと晴れ間が広がり，海には穏やかな波が戻ってきました。
　このように違う情景を思い浮かべることで，あなたの気分はどのように変わるでしょうか。
　情景を変化させることで，つまりどんよりと重苦しい曇り空を想像すると，なんとなく不穏な気持ちが感じられるでしょうし，雲の間から光が差し始める情景を想像すると，何かが始まる予感や希望に似た新鮮な気分が感じられるのではないでしょうか。

　今，1から4の過程をこの書面と往復しながら一人で体験していただきました。実際の臨床場面では，カウンセラーとクライエントが二人で一緒に行います。カウンセラーはクライエントの表情の変化や呼吸の様子，体の緊張状態などをよく観察しながら，またクライエントの言葉から実際に体験されていることを推測しながら，伴走する気持ちで，一緒にその場にいるような心持ちで進めていきます。心理療法におけるイメージ法は，このようにセラピストがクライエントの心理的な安全を守りながら，二人で行う共同作業となります。一人でイメージ体験を行う場合は，この見守る視点が自分の中に十分に育っていないと不安感が増大することがあります。むやみに危険な対象や場面に近づかないという原則を守り，慣れないうちは，特に閉眼で深く行うことは避けてください。

第 2 章

臨床的に重要なイメージの性質について

　第1章の1から4のプロセスを基に，臨床的に重要となるイメージの性質について考えてみようと思います。

1. イメージは閉眼でも開眼でも感じられ，両者は異なる機能を持つ

　従来の心理療法で用いられていたイメージ法の一般的な手続きでは，目を閉じた状態でリラックスをした後，イメージ過程に導入します。しかし，先ほどの"海の風景"で体験されたように，目を開けたままでも頭の中にイメージを感じることができたと思います。開眼状態では現実の視覚刺激が同時に知覚されていますので，イメージ世界に深く入りにくい，イメージ体験が深くならないという特徴があります。逆に目を閉じると，イメージ世界をより深く体験することができます。面接場面によっては，静かな空間で時間をかけて閉眼からイメージ過程に導入するという条件が揃わない場合も多くあります。また，他人の前では目を閉じることができないというクライエントもいます。そのような時は，普段の意識状態のまま開眼で感じられているイメージについて対話形式で語りながら，イメージを扱うという方法もあります。詳しくは，実践編の開眼イメージ法を参照してください。筆者は，臨床現場の状況やクライエントの状態によって，開眼状態でイメージ法を用いるか，閉眼状態でイメージ過程に導く方がいいのか判断して使い分けています（福留，2004）。

2. イメージは手掛かりであり，大事なのは その基盤にある身体感覚や気分

　先ほどの"海の風景"を思い出してください。視覚以外の身体感覚や五感の感覚を感じることができたり，穏やかな凪の海，太陽が沈みかけている夕焼けの海，風が強い海など，思い浮かべる風景の違いによって，それを見ている時の気分に違いがあることがおわかりになったと思います。

　心理療法においては，イメージのシーンと共に感じられる，このような気分や感覚などが，イメージを感じている人にどのように体験されているかが重要なポイントになります。理屈通りの正論を人からアドバイスされても，気持ちやからだを含めたより深い部分が本当に納得していなければ，現実の行動を変えることはできません。イメージ法を用いる目的は，言葉で意識できる世界よりも，もう少し深い，普段の意識状態では気付くことができない，からだの身体感覚や気分と通じた内的な世界と繋がることにあります。ですから，イメージ法でイメージが臨床的に有効に働くためには，視覚像としての見え方が鮮明になることではなく，からだの感覚や五感や気分などとの繋がりができ，全身的な体験（成瀬，水島，藤原，1999）になることが重要と言われています。

3. イメージには自律性と制御可能性の両面がある。 それぞれ異なる性質を持つが，基盤は共通してからだにある

　イメージの情景を少しだけ変化させてみる，たとえば空の様子を，雲が広がる状態から，徐々に雲が晴れていく情景に変化させることができたでしょうか。イメージの過程を振り返ってみると，イメージには体験している人の意識的な関与の在り方に関連して，性質の異なる二つの領域があることがわかります。つまり，イメージを感じてそのままに受け止めていると自然に展開する領域と，もう一つは意識的に動かすことのできる，つまり操作可能で意図を反映できる領域です。前者は，"海"と言われて，自然に浮かんできた情景であり，それは意識的に無理に作り上げたという感覚なく感じられた領域です。後者は，

その情景の中で，ここをこうしてみようと意図的に動かそうとして変化を起こすことができる領域です。筆者は，前者を藤岡（1974）のイメージの自律性にちなんで，「イメージの自律領域」と呼び，後者を「イメージの制御可能領域」と呼んでいます（福留，2004）。詳しくは，理論編の第7章を参照してください。

　イメージに「制御可能領域」があるのであれば，イメージを随意に動かすことができ，なんでも意図通りに操作して，イメージを都合のいいように利用することができるのではないかと誤解されそうですが，実際はそんなことはできません。ここで注意しなければならないのは，確かに体験者の意図や意思によって，イメージ像を一定程度制御することは可能なのですが，初めに書いたように，意識レベルが優位になりすぎるとイメージが意識に支配された展開になります。そうすると，体験者が頭で思い描く作られたストーリーになり，イメージ本来の過程，つまり自律性から離脱してしまいます。結果的に，イメージから送られる深い直感的なメッセージを感じることができなくなります。ここは大変大事なところで，イメージ体験の基本は，あくまでからだの感覚や気分と密接に繋がったイメージの自律性に従うことにあります。

　また制御可能領域であっても，あくまで体験している人の身体感覚や気分から切り離された制御性というのは，意識性にだけ支配されていて，臨床的にみると効果がありません。オリンピックで活躍する体操やフィギュアの選手たちが，一般人には不可能と思えるような身体運動を見せてくれます。彼らがイメージを描いて臨むということをよく耳にしますが，そのイメージの基盤には，イメージと密接に繋がる練習を通した身体動作体験があります。それらと繋がったイメージであるから，彼らの身体運動を導くのにも効果があるのです。それと同様に，イメージの制御性を発揮する場合でも，飽くまで体験者が自身の身体感覚や気分との繋がりを確認し，それらと遊離しないかたちで制御性を発揮することが重要となります。

第Ⅰ部

【理論編】

第3章

イメージ体験とイメージ療法について

1. 現実体験世界とイメージ体験世界の関係

　人が命として存在したその時からの体験が，イメージ世界を形成していると思われます。イメージの誕生について，発達心理学者の中沢（1979）は，乳幼児の行動観察を基に，からだを通した現実体験の蓄積によってイメージが形成されていく様子を報告しています。その蓄積の仕方は，現実世界での体験がただ無関係に寄せ集められるのではなく，どのように知覚されたか，どのように認知されたか，またどのような感情反応をもって体験されたかによって編集されていきます。体験がさらに蓄積されていくうちに，個々人の感覚や感情や認知，行動の仕方がある程度のパターンや一定の様式としてまとまりのある形に集約され，抽象化されて，その人固有のイメージ体験世界が形作られていくと考えられます。

　このようなイメージ体験世界に集約された感情，認知，行動のパターンや体験の様式は，逆に現実体験の受け止め方や意味付け方，またその後の行動の方向付けに影響を与えるようになります。ボウルディング（Boulding, K. E., 1956）は，「イメージが変われば，それに応じた行動をするようになる……行動がイメージに依存している」として，現実行動の在り様がその人の内的なイメージに導かれ，影響を受けていると指摘しています。また，藤岡（1974）は，人間を「イメージ・タンク」と表現して，「イメージによって人間は行動し，イメージが行動の具体的な細部まで指導している」と述べています。

　翻って，現実体験は日々新たに起こるわけですから，これらの二つの体験世界は，一方に変化が生じると，もう一方にも何らかの変化がもたらされるとい

うように，相互に影響を与え合う関係にあると言えます。現実体験はイメージ世界に集約され，集約されたものの集まりであるイメージ世界は現実世界での体験の在り様に影響を与え，さらに新たな現実体験がイメージ世界の変容をもたらすという具合に，二つの世界は循環しながら絶え間なく影響を与え合い，変化を続けていると考えられます。

2. イメージ療法について

　イメージ療法とは，内的に感じられるイメージ像やその展開を手掛かりに，それに伴う体験の在り様の変化を通して，内的あるいは外的な適応状態の改善を目指す臨床心理学の方法です。通常の心理療法では，言葉によるやり取りを通して改善の糸口や契機を探りますが，言葉で表現できないものや意識的には把握できない領域が関係している場合，それらの世界と繋がる"架け橋"（Richardson, A., 1969）となるものがイメージです。イメージについて，リチャードソンは，「刺激条件が実際に存在しないのに，われわれにとって存在しているように感じられる体験」であり，その本質は「感覚的・知覚的・感情的・その他の体験状態の具体的-現実的再生にある」と説明しています。イメージというと，一般には視覚的な特性のみが強調されるきらいがありますが，さまざまなレベルの全身的な体験とその再生が本質的な特徴であると述べています。

　イメージが臨床現場で注目されるようになったのは，19世紀の催眠治療に端を発しています。催眠によって導かれた変性意識状態では，イメージ体験が起こりやすくなるからです。臨床場面におけるイメージの使用は長い歴史があり，フロイト（Freud, S.）は夢分析や自由連想法に，ユング（Jung, C. G.）は連想語検査や能動的想像法（active imagination）に，イメージに関係する方法を残したと言えます。その後，時代を経て，構造化されたイメージ技法の多くは，1960年代のヨーロッパで発展し，たとえば，ドゥゾワイユ（Desoille, R. 1965）の誘導覚醒夢（directed daydream），フレティーニとヴィレル（Fretigny, R. & Virel, A., 1968）の夢療法（L'Imagerie Mentale），ロイナー（Leuner, H., 1969）の誘導感情イメージ（guided affective imagery）などがあり，またアメリカではアサジョーリ（Assagioli, R., 1965）のサイコシンセシス

（psychosynthesis）などの方法として展開してきました。現在では臨床の最前線において，多くの学派で幅広くイメージ法が適用（Achterberg, J., 1985）されていますが，精神分析学，ユング心理学，ゲシュタルト心理学，行動理論，体験理論など治療者のよって立つ理論と立場によって，そのアプローチの仕方や技法には違いがあります。

　日本においては，催眠の基礎研究と臨床研究の先駆者である成瀬悟策が「催眠面接の技術」（1959）で，催眠状態での心像誘導法の臨床事例を紹介しています。イメージ技法の臨床的な応用は，成瀬悟策（1968），水島恵一（1967, 1968），栗山一八（1969）らの研究によって発展してきました。その後，藤原勝紀による"三角形イメージ体験法"（1979），田嶌誠一による"壺イメージ療法"（1987），門前進による"イメージ自己体験法"（1995），増井武士による"迷う心の「整理学」"（1999），徳田完二による"収納イメージ法"（2009）など日本独自のイメージ技法が生まれています。これらの諸技法は，欧米で発展した方法とは異なる治療理論を備えていると言えます。

3. 他の技法との違い

　イメージ療法では，一定の手続きを用いてクライエントをイメージ過程に導き，その体験を治療的に利用することを行います。箱庭療法や絵画療法，コラージュ療法などもイメージをもとに治療的な展開を目指すものですが，イメージ療法の場合，クライエントが体験する内的なイメージ過程を直接扱うという点で違いがあります。また，類似のイメージ過程として睡眠中の夢見というものがあります。その夢について扱う夢分析では，"思い出された夢"あるいは"物語られた夢"（小木，1986），すなわち記憶に残っている覚醒後に語られた夢を対象とします。名島（2003）は，面接場面でクライエントによって報告された夢をセラピストと共有することで，コミュニケーションの通路としてさまざまな情報を得ることができると述べています。また鑪（1998）は，夢分析を行う面接者の重要な仕事として，「夢をなぞる」ように繰り返しイメージを確かめること，感想を確かめること，連想をとることを挙げており，イメージ療法での面接者の役割と共通する部分があることがわかります。

イメージ療法では，睡眠に移行しない程度の半覚醒の意識状態で，クライエントが体験している現在進行形の内的なイメージ過程を扱うという点で他の技法とは大きく異なります。クライエントが面接の場で今まさに刻々と体験し続けている過程に，セラピストが同時に寄り添うことを行うのです。イメージが危機的な展開になった場合には，セラピストはクライエントと言葉でやりとりを交わしながら，文字通り傍らにいて体験の中で支えることができ，またその時のクライエントの力に応じた可能な工夫を見つけ出せるように援助することができるという特徴があります。

4. イメージ療法で目指すもの

　イメージ療法では，セラピストがクライエントのイメージ体験の世界に伴走することを基本として，クライエントを圧倒するような危険な場面では直接介入したり，助けることを行ったりします。前節でも述べましたが，ある人の現実世界での感じ方や振る舞い方の在り様やパターンは，イメージ過程の中でも同じように現れます。したがって，イメージ過程が展開するうちに，現実世界での不適応と繋がりのある場面が現れるようになります。イメージ・セッションを始めて，初回からすぐにそのような展開が見られる場合もあれば，一連のイメージの流れを通して，だんだんと関連がわかってくることもあります。また，苦手な人や不安な場面が具体的にそのままイメージに現れる場合もあれば，恐怖感を与えるものの象徴として，トラやヘビなどの獰猛な動物の形をとって表れる場合もあります。

　このようなイメージに表れた現実世界の不適応と関連する場面で，クライエントが，その状況に恐怖で圧倒されたり，即座に巻き込まれてしまったり，無防備に突進したり，逆に慎重になりすぎて一歩も踏み出すことができないなど，特徴的な展開が起こります。そのようなさまざまな危機や窮地の場面で，クライエントが安全に体験できるようにセラピストは手伝い（同伴と介入）をします。それをイメージ体験の中で繰り返すことで，安全感が育まれ，イメージ中での感じ方や行動の仕方に変化が起こり始めます。田嶌(1987)はこれをイメージにおける体験様式の変化と呼び，イメージ療法における治癒要因の一つに挙

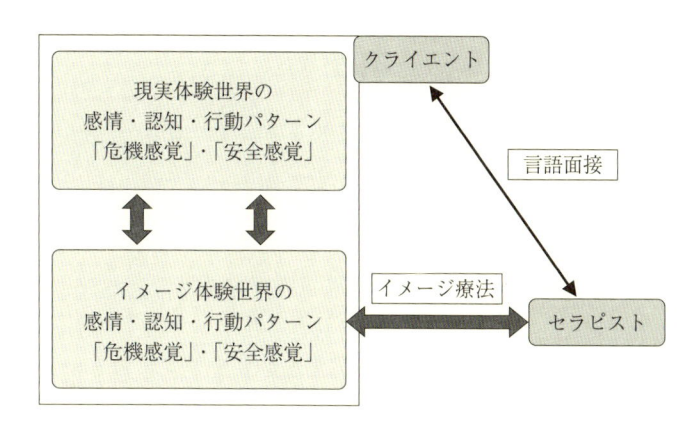

図 3-1　イメージ療法におけるイメージ体験世界への働きかけ

げています。イメージ中でこのような変化が起きると，やがて現実生活での在り様，感じ方や行動のパターンにも変化が起きるようになります。先のボウルディングが述べたように，「イメージが変われば，それに応じた行動をする」ということが起きてきます。

　このようにイメージ療法では，クライエントのイメージ体験に，セラピストが同伴し，必要な場合には介入することで，その体験の在り様に変化が起こり，ひいては現実世界での行動変化に至るということを目指します。現実体験世界とイメージ体験世界の関係および，イメージ療法におけるセラピストの働きかけと通常の言語面接の関係について，図3-1に示しました。図中の「危機感覚」と「安全感覚」とは，このような体験様式の変化が，臨床場面で安全に起きるためには，それぞれの体験世界におけるクライエント自身の「危機感覚」と「安全感覚」が手掛かりになるということを示しています。「危機感覚」と「安全感覚」については，理論編の第5章を参照してください。

第4章

イメージ表現法におけるセラピストの役割

1. イメージ表現法で期待された従来のセラピストのスタンス

　心理療法において，言葉による概念的な理解とイメージによる前概念的体験は，どちらもそれぞれに重要な役割を担っています。イメージを媒介にして前概念的な体験に働きかける方法として，イメージ療法，箱庭療法，描画療法などがあります。これらの方法をここでは総じて，イメージ表現法と呼ぶことにします。これらの方法を用いると，言語では表現することの難しい心理過程の体験が可能になりますので，クライエントはそれまで気付くことのなかった自分自身の感情に触れたり，内面世界に向き合うということが起きます。この時，深い内的世界が，クライエントの心の準備性が整わない状態で体験されたり，表出されたりすることがあります。そのような場合，クライエント自身，予想しなかった展開に驚き，その混乱を一人では収拾できなくなるという危険性があります。実際，臨床場面で，イメージ表現法を用いる時にセラピストが最も注意しなければならないのは，この点です。

　臨床研究における現状を考えてみますと，この点についての実践に即した議論は十分とは言えないと思います。イメージ療法においては，イメージの自然な流れとしての「イメージの自律性」(藤岡, 1974) が動くように寄り添えば，イメージそれ自体に備わった「治癒力」が働きはじめるというセラピストの非指示性を尊ぶ考え方が主流をなしています。"Sand-Play-Technique" の創始者であるカルフ (Kalff, D.M., 1966) は，セラピストがクライエントを「十分に受容」することで生まれる「自由で保護された空間」が治療上重要であり，そこでクライエントが象徴的な体験を行うと，個性化の過程を辿り自我発達が得られる

としています。その一方で,「エネルギーの変化は限界のないものの中に起こるのではなく,個人のもつ制限の内部に効果的に起こり得るので,個人にほどよく制限を設けることは意義深いこととなる」と述べ,自由な表出の中にもセラピストの判断による一定の介入が必要であることを示唆しています。

"Sand-Play-Technique"を日本に"箱庭療法"と翻訳して紹介した河合(1969)は,箱庭を行う時に特に注意すべき点として,「言語や行動では表現できない攻撃性や自我の崩壊感……が,自我によって再統合される程度を越えてなされる時は,著しい症状の悪化をもたらして,治療的には逆効果を示す。この場合こそ,セラピストがそばにいることの意味があるのであり,セラピスト自身がクライエント自身の作品の凄まじさに耐えきれぬと感じた時は,すぐに中止させることが必要である」としています。ここでは,危機的な状況におけるセラピストの介入に治療的な意味があると指摘しています。

また,アメリカで長年,描画や塑像作成によるアートセラピーに取り組んでいるウェイドソン(Wadeson, H., 1987)は,その著書の中で,アートセラピストの立場として「受容と興味であって,判断することではない。ましてや先走った仮定をすべきでない……」と指摘し,非指示的な見守る態度を強調しています。しかし,経験が浅かった頃にうつ病の患者に,「……怒りを吐き出す安全な場所ですよ」というコメントを送った後,「繰り返し半円の道を鉛筆で一生懸命に囲み始め道を描いた後,彼はぐったりと椅子に丸くなり,自分の世界に入り込んでそれ以上何も言わなかった」と記述しており,作成の過程をスタッフが十分に観察することの重要性に触れています。

一方,イメージの臨床的な応用研究を続けた水島(1998)は,セラピストに望まれるスタンスとして,「基本的にはクライエントのイメージの流れにまかせる自由イメージを重んじるという意味で,非指示性」を強調し,「自由なイメージの流れが生かされていくことがイメージ面接の原則である」と述べています。しかし,「実際は適宜指示を入れていくことがかなり多い」ことも指摘し,退行的になりすぎた場合には,「現実状況のイメージを与える」工夫などを示しています。

具体的に対処方法を提示した研究として,東山(1990)は,無意識の内容が漏れすぎない工夫として,箱庭作成後に言葉を用いて箱庭作品に関する物語を

作る「サンドプレイ－ドラマ法」を提唱しています。

　以上のように，イメージ表現法に関する従来の研究の多くは，原則的にクライエントの自由な表出を妨げないようセラピストの「保護的な」，「非指示性」を重視しています。しかし，実際はそれだけでは非治療的な展開になる危険性もあり，セラピストによる介入の必要性を指摘しながらも，具体的な工夫や十分な議論を提示し得ていないというのが現状ではないかと考えられます。イメージ表現法を実施した後に用いて，その危険性を減じる方法も提唱されていますが，まさにその危機的な場面でセラピストがどのように働きかけるのかについては，具体的な方法を提示できていないのが現状です。

2. 本書で提示したいセラピストの役割

　既述のようなクライエントの自己治癒力を促すという「保護的」で「非支持的」なスタンスに加えて，セラピストが面接を安全に進めていく上での拠り所となるような新しい判断軸が必要ではないかと筆者は考えました。「ある力が育っているから，大筋としてはいい方向に向かっている」とセラピストが大局的な視点で判断できるような規準です。

　このような中，田嶌（1987）はイメージ療法の安全な適用について検討し，「技法上の修正が必要である」として，「壺イメージ法」を考案しました。これは，「イメージの体験様式のコントロールを技法の主軸とし，かつ危機的体験が急激に進行しすぎないような『安全弁』を備えた」方法です。従来のイメージ法と異なる特徴として，イメージの内容そのものではなく，体験者とイメージとの関係性に注目し，イメージが体験者を圧倒することのないように，技法の中に安全な空間構造を組み入れた点にあります。体験を包み込む容器としての壺，壺の蓋，体験の細分化や緩和を可能にする複数壺，壺の位置，壺との距離など，幾種類もの空間構造上の「安全弁」を用意することができる点に優れた特徴があると言えます。この技法に依ると，危機的体験をいくつもの段階で安全に調節しながらイメージを進めることができるので，体験が急激に深くなり過ぎることを抑え，また，そのような危険性をある程度未然に防ぐことも可能になります。

筆者はこの「壺イメージ法」を長年多くの事例に適用するうちに，「危機的体験」との体験的距離のコントロールは，「壺イメージ法」だけではなく，フリー・イメージ法や箱庭療法などのイメージ表現法全般において，またさらには言語を用いた心理面接においても，セラピストがクライエントの心理過程に育成すべき重要な能力ではないかと考えるようになりました。
　「危機的体験」との体験的距離のコントロールとは，主体が「危機的状況」を危険なものとして感知することができ，自身の感覚を手がかりに安全を保持できるように「危機的状況」との距離を調整するという一連の心理的な過程を含んでいます。このような心理的な過程を育成することを目標にしてクライエントに働きかけを続けると，既述のような危険な状況，すなわち，クライエントの心理的な準備性が整わないままに深い外傷体験や恐怖感情を伴う内容が表出されて，イメージ体験そのものが反治療的に働くということをある程度は避けることができるのではないかと考えました。
　イメージ体験中にクライエントが「危機的体験」と心理的な距離を失っている時には，クライエントが「安全」と感じられる程度の距離を作る方向で，さまざまな工夫を試してみるようにセラピストが働きかける必要があります。ここで重要なことは，ただ単に心理的な距離がとれることではなく，距離をおくことで安心や安全の感覚を持つことができるかどうかが問題となります。心理的な空間的距離が取れていれば大丈夫なのではなく，安全な感覚が持てているかどうかが重要なのです。なぜなら，状況によっては，問題から遠ざかったほうが不安になったり，逆に近づいた方が安心という場合もあるからです。心理的な距離を取れるか否かが問題ではなく，体験者自身に少しでも安全な感覚が感じられているかがむしろ重要です。自分の状態を，このような「安全感覚」という軸からモニタリングできる態度を育てるようにセラピストが働きかけることを提案したいと考えています。
　このようなセラピストの働きかけによって起こった「危機感覚」や「安全感覚」への気付き，それに伴う「安全感覚」を保持するための工夫の過程は，徐々にクライエント自身の中に体験的に内在化され，経験的に蓄積されて，次第に主体的に安全感を維持しようという態度が形成され始めます。これが，本書において提示したいセラピストのスタンスであり，援助的介入を行う際の一つの

"判断規準"として目指したいものです。クライエントが行う, この「安全感覚」を軸とする危機的体験との体験的距離の調整は, 心理面接における最終的な援助目標のひとつでもあります。同時に心理面接のどの段階においても, クライエントのイメージ表出が援助的に安全に進行し, なおかつクライエントの状態が援助的な方向に動いているかを見極める上で, 重要な判断規準になると考えます。

第5章

イメージ表現法における「危機感覚」の覚知と「安全感覚」の育成

1.「安全感」の概念

　「安全感」の概念を検討するに当たって，まず先達たちが"安全の体験"をどのように捉えているかについて触れ，その関連する要因を考えてみたいと思います。

　ネオ・フロイト派のサリヴァン（Sullivan, H.S., 1953）は，精神障害や適応障害を説明する時に，人間行動の二大動力源として「満足の追求」と「安全の維持」を考える必要があると述べました。前者は身体的機制に，後者は個人に取り込まれた社会文化的要因に深い関連を持つものとしています。とりわけ人間関係における「安全感」の保障（interpersonal security）は，精神科治療において特に重要であると指摘しています。

　同時代のマスロー（Maslow, A., 1954）は，有名な欲求階層説において，最も基本となる「飢えや渇きなどの生理的な欲求」に続くものとして，「安心，安定，危機からの自由を感じる安全の欲求」を挙げています。これは，より高次の動機づけとしての「愛情と所属の欲求」や「承認の欲求」「審美的欲求」「自己実現の欲求」などの，上位の欲求の基盤を成すものと位置付けられており，人間存在にとって最も重要な心理的動機づけとみなしています。

　ユング派の分析家であるカルフ（Kalff, D.M., 1966）は，子どもの箱庭治療においてセラピストとクライエントの間に「母子一体性」の関係が生まれると，「自己内休息の精神状況」が作り出され，それは「人格発達へのあらゆる力を……内包している」と述べています。このような守られた人間関係において作

り出される「自己内休息の精神状況」とは，サリヴァンの言う安定した人間関係において感じられる「安全感」に近い概念と考えられます。

我が国に目を転じて見ると，精神分析家の神田橋（1976）は，統合失調症者の回復過程について言及した中で，「患者が自覚的に評価する安心感は，拒否能力の発達と一致」すると述べています。すなわち，内的に感じられる安心感の程度は不安対象や不快対象に対する拒否能力の程度と一致し，それは健康回復の指標となると指摘しています。

また，催眠研究の権威であり，後に脳性マヒ者への動作訓練法を生み出し，さらには広範囲な不適応状態に適用可能な臨床動作法へと発展させた成瀬（1988）は，からだへの関わり方と心的自己の在り様とは密接な関係があるとしています。人が安定した自己感覚を保持するには，「自分のからだとして実感する自体感」や，「自分のからだを能動的・主体的に動かしているという能動感」など，自分のからだに対する自己制御感が不可欠であり，それらを喪失すると，「自己の存立の基盤が失われる恐怖に襲われる」と指摘しています。

このように時代を超えて理論的な立場の異なる研究者たちが，表現は異なるものの「安全感」や「安心感」を，健康回復や人格発達に関係する重要な概念として捉えていることがわかります。「安心感」や「安全感」の概念に関連して，サリヴァンとカルフがともに重視しているのは，そのような内的に安定した状態を生み出すための基盤となる，周りの人間関係や繋がりの側面です。また，マスローと神田橋に共通するのは，安全を得るために危機から離れ，危険を拒否するという，危機回避への主体のより選択的な関与の側面が挙げられます。さらに，成瀬においては，主体とからだの関係様式に注目し，自己感覚を形成する基盤としてのからだの側面を重視しています。

2.「安全感」と「体験的距離」

「体験的距離」という概念について，片口（1987）はロールシャッハテスト研究に関連して次のように述べています。統合失調症の作話的な反応と空想好きの健常者の反応とが，反応内容は同一でも，「その反応を与える態度に，ニュアンスの相違がある……分裂病者はより強い現実感と逼迫感をもって反応する

傾向があるのに対して，正常者はある種のゆとりと遊びを感じさせる態度」があると指摘しています。この両者の違いを説明するために，「認知的距離」と「体験的距離」の二つの概念を提唱しました。ここで片口は，反応内容と区別して，被験者の反応する態度すなわち「反応の様式」に注目し，統合失調症者の場合，「反応様式」が「強い現実感と逼迫感」を伴うのに対して，健常者の場合，「ゆとりと遊び」がある，すなわち，インクブロットに刺激されて現れたイメージに巻き込まれて主体との間に距離感をなくすか，主体がイメージに巻き込まれない程度の距離感を保っているかどうかという視点を「体験的距離」という概念で説明しました。片口 (1987) によると，「体験的距離の喪失は，幼児的・原始的・退行的な人格特性を反映するが，増大はむしろ，抑制的・強迫的・自己不確実的のそれを反映する」としています。この「体験的距離」と「安全感」との概念的な関係について考えると，対象と「近すぎて距離感を喪失」しても，また「遠すぎて不確実感」を残しても，「安全感」を得ることはできないわけですから，主体が心地よいと感じられる適度な「体験的距離」をみつけることが「安全感」に繋がっていくと考えられます。したがって，「安全感」は対象との間に「程よい体験的距離」を発見することと密接な関連があると言えます。

一方，田嶌 (1987) は，イメージ療法における治癒機制について，「イメージ内容」と「イメージの体験様式」を区別して説明しています。その中で，さまざまな事例における共通の治癒原理として「体験様式」の変化があると指摘し，その「体験様式」を構成する二要因として，「体験的距離」と「心的構え」を挙げています。田嶌は，「心的構え」が受容的になった場合，「体験的距離」の縮小は，「治療的展開にとって望ましい」と述べています。

以上の議論を合わせて考えてみますと，イメージ体験がクライエントにとって援助的になるためには，「体験的距離」の長短を一義的に問題にするのではなく，クライエントが不確実感を持たず，同時に安心感を感じられるような，イメージ対象との「程よい距離の調節と工夫」を行うように働きかけることが重要と考えられます。

3.「安全感」の基盤となる「危機感覚」と「安全感覚」

　心理面接でイメージ表現法を用いていると，クライエントの不適応行動や症状と関連があると思われる対象や状況が現れてきます。クライエントがそのような対象に恐怖感を抱いたり，状況に圧倒されることなく，「安全」と感じられる程度の体験的距離を置けるようになると症状が緩和，消失するということがあります。ですから，クライエントがそれらの対象や状況とどのような心理的関係にあり，どのように体験しているかが，治療や支援の方向を考える上で重要なポイントになります。

　そこで，クライエントが「安全」と感じられる感覚を持つに至る条件を考えるために，その形成過程を細分化して検討することにします。人が心身の安全を感じることのできる状態を守るためには，その前提条件として，ある対象や状況が自分にとって危害を及ぼす恐れがあり，危機的な不安感情や身体感覚を喚起させるということを感知できなければなりません。したがってまず，(1) 自らの感情や気分や身体感覚を探索し，その変化に注意を向けようとする心的態度が必要となります。次に，(2) それらの変化を手掛かりに，目前の対象や状況が危険なもの，あるいは不安や恐怖を喚起させるものとして感知できる感覚（これを以後「危機感覚」と呼びます）が働かなければなりません。次に，(3)「危機感覚」が自分を圧倒しない程度に収束するよう，それらの対象や状況と程よい体験的距離を置ける必要があります。その結果，(4) 特定の対象や状況に怯えたり，圧倒されることのない，穏やかで落ち着いた心身の状態（これを以後「安全感覚」と呼びます）に至ることができると考えられます。

　心理療法の大きな目標として，クライエントの「安全感」や「安心感」の育成があります。最終的に目指すところはそこにありますが，筆者がイメージ表現法で目指したいのは，一セッション内でも育成できる，より小さな単位としての「安全感覚」です。この感覚的なレベルの小さな単位としての「安全感覚」の蓄積が，心理的，精神的なレベルのより深い「安全感」や「安心感」に繋がっていくと考えています。「安全感覚」をその形成過程から辿ってみますと，「穏やかで落ち着いた心身の状態」は，結果として導かれた状態であって，それに至るまでの (1) から (3) の過程が前提条件として重要な位置を占めるという

ことがわかります。セラピストがクライエントを援助する場合には，安定状態に至る以前に整えなければならない過程を大切に扱い，そこに時間をかける必要があると言えます。

第6章

イメージ表現法による「危機感覚」と「安全感覚」を繋ぐ臨床的工夫

　本章では，イメージ表現法において「危機感覚」の覚知と「安全感覚」の育成を行うとは，具体的にどのようなプロセスを辿るのかについて，筆者が担当した事例を基に説明をしたいと思います。以下の記述では，イメージ展開の重要な部分はなるべくそのままで，事例の個人情報を含む部分は個人が特定されないように配慮して改変しています。「　」はクライエント，〈　〉はセラピストの発言です。

1. 閉眼フリー・イメージ法を用いたAさんの事例から：「危機感覚」に気付き，安全を守る行動をイメージで工夫する

　[30代女性／主訴：気分の切り換えが困難で生活に支障／心理相談室]
　職場の同僚や夫との間で衝突が起きると，気分の切り換えが難しくなり，イライラ感が10日以上続いて困るので，人間関係のとり方を見直したいということで30代の女性が心理相談室に来談されました。週1回の面接を開始し，当初は言語面接で，幼児期からの両親や祖母との間の葛藤について語られました。面接を始めて5カ月が経った頃に，「心の中に何か深めたいと思う部分があって，それに触れられていない感じがする」と話されたことを受けて，イメージ法を紹介しました。イメージ法の導入以降は，ほぼ毎回のセッションで行いました。
　イメージ法を導入して数回目のセッションから，特徴的なイメージ展開が見られるようになりました。「傾斜の急な雪山……所々に岩場が見える……その

第6章 イメージ表現法による「危機感覚」と「安全感覚」を繋ぐ臨床的工夫　37

雪山を独りで登っています。傾斜が激しいので，ズルズルと何度も滑りながら，すごく苦労して登っている⑴……途中ふと見上げたら頂上の嶺が遠くに聳えている……そこまで行かなきゃと思って，必死で斜面に這いつくばって登っている⑵」……（ここ数回同じように厳しい雪山の斜面を登る場面が続いていたので，筆者は気になっていたことを尋ねてみました）〈一生懸命登ろうとしているんですね。……今，あなたはどんな服装で登っているんでしょうかね？⑶〉「……半そでのTシャツとジーパン」……〈足元は？⑶〉「……サンダルみたいなのを履いています」……〈そうなんですね……周りの景色は，冬の雪山で，しかもかなり厳しい斜面を登ろうとしていますよね。⑶ 今のその服装で大丈夫でしょうか？……どうですか？⑷〉……「あー，そう言われてみて初めて気がついたけど，これじゃちょっと寒そう。あまりに無防備という感じですね，これではちょっと無理かも⑸」……〈見ていて安心という感じが少しでも持てるには，どんな服装だったらいいでしょうかね？⑷〉……「……もっと厚手のセーターと……その上からシュラーフも……それから手袋も……靴は登山用の靴がいる⑹」……〈そういうものがあると，さっきより安全に登れるような感じがしますか？ どうでしょう？⑷〉……「そうですね，……それと手にヤッケみたいなのを持って登ったほうが，登りやすそう⑹」というイメージ展開でした。そのイメージ後の言語面接で，同様のことが現実生活でもあるかどうか尋ねましたら，自分の思いに駆られて，周りの状況をあまり見ていないかもしれないと語られました。

　1カ月後のセッションでは，川を渡るイメージが現れました。「今，川を渡って向こう岸に行こうとしています。……歩いて，裸足でズボンの裾を捲くり上げて進んでいます……大きな川じゃないから，歩いて渡れそう。……浅そうだし⑺」〈深さは，どれくらいですか？⑻〉……「くるぶしがつかるくらい」……「でも，だんだん進むうちに，すこしずつ流れが速くなって，水かさが増してきた⑺」〈大丈夫ですか？⑻〉……「大丈夫と思う⑺（間を置かず）あー，もう腰くらいの深さになった……でも，進まなきゃ，進まなきゃと思って行っている⑼……なんか流れも強くなってきました」（すぐに）〈このまま進んだら危ないから，これ以上進むのは止めて，元のところに戻りましょう。大丈夫ですか？⑻〉……「……はい……戻りました……でも，気持ちはあっちに

渡らなきゃと思い続けています (9)」……〈今危ない状況だったので，こっちに戻ってもらいました。……どうしたらもっと安全に渡れるか，ここで少し一緒に考えてみましょうか？……どうしたらいいでしょうかね？ どんなことなら，できそうですかね？ (10)〉……「橋があったらいいと思うけど……でも橋ができるには，この土手の地盤じゃ緩すぎる……このままじゃ橋は作れない (11)」……〈ここに橋を作るには，地盤が適していない感じがするんですね〉……「そんな感じがする」……〈向こうに行きたい気持ちが強いんだけど，川を歩いて渡るのは危なかったですね。橋を作るにはちょっと地盤が緩くてできない感じなんですね〉と悔しい気持ちを受け止めつつ，この回のイメージ・セッションは終わりました。セッション後に，「水かさが増してきているのに，自分の中では怖いとかそういう感情が全然湧いてこなかったから，『あー自分ってそういう感情を抑えているのかなあ』と思った。『先に行くんだ！』といつも思っているけど，それと関係があるかも」と語られました。

　そうするうちに，2カ月後に再び山登りの場面が現れました。この時には，厳しい雪山登山というより，山頂を目指しながらも山道をゆっくりと歩くという様相に変わっていました。山登りで疲れを感じ始めた頃に，「このまま山頂まで行きたいけど，日も暮れてきたし，だいぶ疲れたから (12)，……ここら辺で休もうかな………あー，ちょうど目の前にお寺が見えてきました……今日はここで泊めてもらおうかな (13)……」という展開になりました。これは，今までとは明らかに異なる展開でした。自分の状態を顧みることなく，周囲の困難な状況とは無関係に先を先を目指して邁進しようとする，今までの行動パターンに変化が現れました。

　このようにイメージ展開に変化がみられた頃，夢や日常生活にもさまざまな変化があったことが報告されました。"目的地になかなか辿りつかない"，"乗ろうとする電車に乗り遅れてしまう"という長年の繰り返し夢を見なくなったと言います。さらに，「電車に乗り遅れた夢をみて，今までなら目を覚ましてすごく悔しい気持ちがしていた。昨日も電車に乗り遅れた夢をみたけど，夢の中で『今から大事な仕事をしに行くんだから，あの電車に急いで乗らなくていい』と納得していた」と語られました。また，日常場面については，「職場で嫌なことがあっても，家まで持ち込むことがなくなった」など，その変化の様

子が語られました。

　本事例では，対人的な感情処理を巡る問題を，閉眼のフリー・イメージ法を用いて，「危機感覚」の覚知と「安全感覚」の育成という視点からアプローチを行いました。このイメージ展開で共通するパターンは，客観的には危険な状況にもかかわらず，その危険性を意識できず，無防備なまま前進を続けようとする点でした。このような中で，セラピストは，クライエントが自身の感覚を確かめながら，周囲の状況にある危険性を危機感覚として感じ取れることを繰り返し促しました。

　このイメージ過程で明らかになったことは，イメージに現れている状況的な危険性にクライエントの注意が向かない（(1)，(7)），その結果，危機的条件下にもかかわらず無防備なまま前進を続けようとする（(2)，(9)）点です。イメージ過程に見られるこのような行動パターンの特徴は，現実生活でも同様に見られ，クライエントの適応困難の原因になっていたと考えられます。そこでセラピストは，まずクライエントに，危険因子の存在に注意を向けるよう伝え（(3)，(8)），その後，身体感覚や気分を点検しながら，少しでもより安全と感じられる行動をとる工夫をするように促しました（(4)，(10)）。クライエントは危険を感知すること（(5)，(11)），安全を確かめて進むことをするうちに，安全に注意する態度が生まれ（(6)，(12)），やがて状況をよく見た，余裕のある安定した態度が育成された（(13)）と考えられます。このような心的態度がイメージ過程で育つことによって，日常生活においてもさまざまな変化がもたらされたと考えられます。

　【補足説明】セラピストの介入の仕方については，セラピストが独断で行うのではなく，基本的にクライエントとやり取りをしながら，クライエントの状態と意思を確認しながら行います。イメージ状況における危険性の程度と，それに対してクライエントの現実的な力や自我の強さなどを総合的に判断しながら，先取りしすぎず，しかし危険と判断された場合は介入するという態度で臨みます。本事例ではクライエントは仕事もよくできる健康な方でしたが，繰り返し同じ状況が展開したため，介入を試みました。

2. 箱庭を用いた B さんの事例から： 「危機感覚」を「安全感覚」に繋ぐ方法を箱庭で工夫する

[20 代男性／主訴：対人関係における全般的な恐怖感と被害感／心理相談室]
　ある男性が職場での対人関係が不安という主訴で来談されました。面接場面での緊張感が大変強く，自分から発言されることは少なく，筆者の質問に対しても長いためらいの後にやっと小さな声で返答されるという状態でした。ご自身が人とうまく話せないことについては，両親の厳しい養育態度が関係していて，親への恐怖感や怒りがあるとぽつりぽつりと話されました。

　数回目のある日，面接の終了間際に，面接室にある箱庭の棚に目をやり，興味を示されました。次の回にためらいながら「作ってみたい」と言われ，池のある楽な部分と猛獣のいる嫌な所からなる四領域に分割された箱庭（箱庭1）を作られました。作成後に，「今まで感じたことのないような"軽さ"……"心が動いた"という感じがした……霞がかかっていたのが……，霧が晴れて，呼吸がしやすくなった」，「外でしんどいとき，こんな気持ちを思い出したら……元気になれそう」と感想を話され，予想以上に強い印象があったようでした。それ以降，約半年の間に 17 の箱庭が作られました。

　箱庭を作るようになって 4 回目のことでした。この回の箱庭作品［右半分は柵で囲んだ居間の風景。その領域と細い小川で仕切られた左半分には，親子の牛が遊ぶ草原と魚の泳ぐ池の風景］を作成後，クライエントは苦しげな表情になり，箱庭の一点（家の中の居間部分）を見つめたまま手で口を覆い，固まったように動かなくなってしまいました。筆者は，〈今，どんな感じがしているのかな？〉と問うと，長い沈黙の後で途切れ途切れに，「家から抜け出せる道を……作っておけば良かった……」と小さな声で言いました。そこで，〈今，とてもしんどい感じがしているんですね。箱庭の中をどのように工夫すれば，少しでも楽な感じを持つことができそうですか？〉と問うと，口を手で覆ったまま，長い沈黙の後，「家から出られるようにする……」と言いながら，居間を囲んでいる柵の一つを慎重にはずされました。さらに，家から川に通じる所に，「僕だけが通れる小さな橋があったらいい……」と言いながら，細い小さな板を渡しました。しばらくすると，安堵したように穏やかな表情に戻り，からだの緊張も解けて

第 6 章　イメージ表現法による「危機感覚」と「安全感覚」を繋ぐ臨床的工夫　41

箱庭 1　楽な所と嫌な所に区切られた 4 領域

いくようでした。このようにして，少しでも楽になれるにはどんなことができそうかという筆者からの工夫の促しに応え，クライエントは実際にミニチュアを動かしながら，苦しさが緩和されるイメージを箱庭の中で探しました。

「最近，話をするのが少し楽になった」，「箱庭をするようになって，先生がどのようにしたら楽になれるかなと聞いてくれるから，楽な気持ちが続くようになった」とも話されています。

また別の回では，写真のような箱庭［中央の小川を境に，左右に二分割。右に学校と町並みと林，左に小動物の群れと家の中］（箱庭 2；口絵参照）を作った後，「しんどくなってきた」と硬い表情で動かなくなりました。〈どうしたら，少しでも楽になれそうですか？　箱庭の中で工夫してみましょうか〉と声をかけると，「気の休まるところがあったらいい」と言いながら，不安げに右下の林の部分を見つめていました。しばらくの沈黙の後，「池を作りたい」と，林の木を動かし，砂を丁寧に平坦にならし，真中に池を作り始めました。そして，池に魚やザリガニ，カエルなどを置いて，ようやく安堵の表情になりました。（箱庭 3；口絵参照）。池は小さい頃に家を抜け出して，よく遊びに行っていた憩いの場所だったということを作成後に話してくれました。

この頃には，クライエントの対人的な緊張感もかなり和らいだ様子で，職場の後輩を前にして体験談を話すことができたとの報告もあり，言葉を他人の前で発することがとりわけ困難なクライエントでしたので，筆者は大いに驚きました。

箱庭2　「しんどくなってきた」　　箱庭3　林の中に魚やザリガニが遊ぶ池を作る

　また，#32の箱庭4［上下を分断する一本の川に橋がかかっている。上部は町と学校。下部左は蛇やライオン，ワニのいる領域。下部右は柵に囲まれた家］では，作成後，猛獣のいる左下部分を見つめたまま苦しげな表情で，からだが動かなくなりました。いつものように〈どうしたら，少しでも楽な感じを感じられるでしょうか？〉と尋ねましたところ，しばらく黙っていましたが，「ここをもう少し小さくする……」と言いながら，猛獣を寄せ，次には家の庭を拡げ（箱庭5），さらに庭に花を植え，そうして，はにかむように微かな安堵の表情になりました。まだ納得できなかったのか，さらに猛獣の領域を柵で囲い（箱庭6），しばらく考え込んだ後に柵の中の木を抜いて，家との間の境界部分に並べました（箱庭7）。境界の木と家の庭の花は，お互いの領域を見えにくくする目隠しのような役割をしているようで，ここまで修正を行った後，やっと安心の表情を浮かべました。（口絵参照）

　日常生活では，「以前には思いもよらなかったことが，少し辛いけど，できるようになった」と語っています。

　この頃のクライエントの表情には，以前のような硬さが和らぎ，柔らかな動きが見られるようになりました。

　このような箱庭作成を通しての危機的な状況での工夫は，14回目の箱庭まで続きました。その箱庭での工夫のテーマは，"苦しい所（家）から逃げ出すこと"から，"家の外に憩いの場を作ること"，"楽に家の外に出ていけるように外の状態を作り変えること"，そして"家の中の雰囲気を楽にできるように

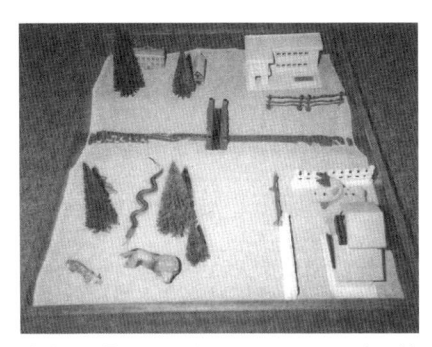

箱庭4 「猛獣が近くにいるので，家の外に出られない」

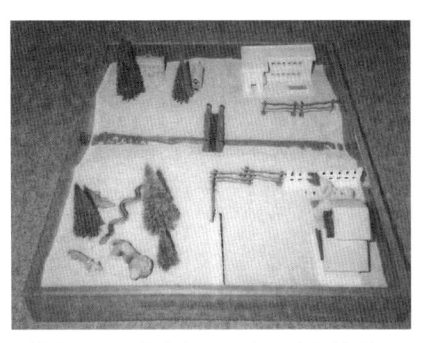

箱庭5 猛獣を寄せ，家の庭を拡げる

箱庭6 庭に花を植え，猛獣を柵で囲む

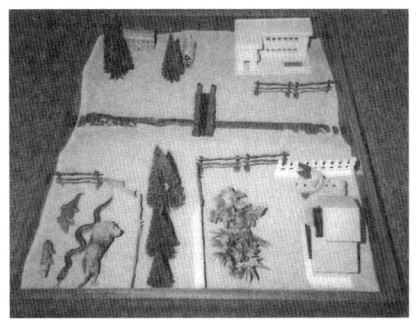

箱庭7 猛獣の領域と庭の間に樹木を植える

作り変えること"に変化をしていきました。15回目には，作成後初めて，「(修正を加えなくても) このままでいい」と小さな声ながら，きっぱりとした口調で言い，ウルトラマンと怪獣の対峙という今までにないテーマ展開となりました（箱庭8）。16回目では，「終わりました」と，初めて自ら終わりを告げ，戦車と戦闘機が対峙している作品を作りました。クライエントは少々興奮した表情をしていましたが，満足気でもありました。それは，今までの静かな安心感とは異なる，男性らしい力強さを感じさせるものでした。最後の箱庭では，広い海にヨットと船，岸には灯台が建ち，新幹線が走る作品で，新しい段階への出立を感じさせるものでした（箱庭9）。この頃には，現実生活においては，親友と呼べる友人もでき，異性の話題も出るようになりました。

箱庭8 怪獣とウルトラマンの戦い　　　　　**箱庭9** 出立

【補足説明】一般の健康な方の場合でも，箱庭作成中に思わぬ心的な内容が表現されて，平静を失うということが時々起きますが，臨床場面においては，このような危険性はさらに高まります。実際にこの事例では，作成中にクライエントが動けなくなるという危機的な状況となり，そこで筆者は箱庭の中で「安全感覚」を立て直す工夫をするように介入しました。危機的な状況にクライエントが飲み込まれそうになっている時に，セラピストが介入し，クライエント自身が自分の感覚を働かせながら，少しでも楽になれる，できる工夫をすることを提案しました。このような方向からのアプローチは，箱庭作成時に限定されるものではなく，箱庭で感じられた「安全感覚」を基に，生活全般においても，自身の「安全感覚」を守る工夫をするように働きかけました。

3. 熊田千佳慕の絵画から：「危機感覚」から「安全感覚」を取り戻そうとしたイメージ

　前節では，臨床事例を基に，イメージや箱庭体験中の「安全感覚」の育成について説明をしてきました。本節では，ある画家の描いた一枚の絵画を用いて，同様のプロセスが起きていることを見て行きたいと思います。
　熊田千佳慕という画家をご存知でしょうか。若い頃はグラフィックデザイナーとして活躍した人ですが，1981年に『昆虫記』を描いて，ボローニャ国際絵本原画展で入選しています。フランスの昆虫学者・植物学者であるジャン・

第 6 章 イメージ表現法による「危機感覚」と「安全感覚」を繋ぐ臨床的工夫 45

絵画 1 熊田千佳簿の「宿敵」

 アンリ・ファーブルを慕い，1998 年には『ファーブル昆虫記の虫たち』(小学館) 1～4 巻を出版しました。"フンコロガシの細密画"と言えば，思い出す人がいるかもしれません。その 4 巻目に「天敵」と題された作品があります。(絵画 1)(口絵参照) 大きなガマガエルが目の前の虫を捕えようと凝視する，まさに固唾を飲むような瞬間を描いた絵です。70 代でこの絵を描いた熊田は，次のように解説しています。
 「じめじめとしたところで，もっともこわい天敵のヒキガエルに出あいました。にらまれたら動けません。動けば，ぱくっと食べられてしまうでしょう。私はこの絵をかいているとき，オサムシがかわいそうになってしまったのです。そこで，ミツバチをかき，ヒキガエルの目をそらしてしまう。そのすきに，オサムシをにがしてやろうと思ったのです。そして，そのとき，『ああ，私も虫なのだ』と思いました。」
 カエルは，動くものしか見えないと言われています。動けなくなったオサムシを救うために，ファーブル昆虫記には登場しないハチを中央上の画面に飛ばしたという訳です。一枚の絵に数年を費やすこともあったという熊田は，絵を描くうちにオサムシと自分が重なり，窮地の場面で思わずミツバチを書き加え，命を救いたくなったのかもしれません。先の箱庭の例で，作成後に動けなくなったクライエントが，自分を救い出すために行った工夫のプロセスとよく似ていると思いませんか。このように見てくると，精神の健康さというのは，自分の

危機的な状況を覚知することができ，そこから自身を救い出す力の程度と言えるかもしれません。

第7章

イメージにおける「自律性」と「制御可能性」

1. イメージの「自律領域」と「制御可能領域」

　イメージには，イメージを体験している主体の意図性が及ぶ領域と及ばない領域があります。案内編で紹介した，筆者自身の不安な気分の入った箱の例にもあるように，頭では距離をとった方が楽になるだろうと考えて奥の方に遠ざけようとしても，どんなに動かそうとしても動かせなかったり，移動できてもすぐに元の位置に戻って来るというような場合があります。一方で，思い通りの位置に移動できて，その場所ですんなりと落ち着いてくれる場合もあります。また，たとえば，〈イメージの幕を開けましょう〉という教示に対して，幕のようなカーテンや緞帳が開くイメージが自然に浮かんでくる場合と，開けようと思っても幕が閉じたまま開かない場合や，半分だけ中途半端に開いたり，裾だけがヒラヒラと風になびくように微妙な開き方をする場合などがあります。

　このようにイメージには，イメージを見ている人の意識的な意図の働きが及ぶ領域と，意図的な操作を拒否して，イメージ固有の世界を反映する領域とがあります。ここでは，前者を主体の意識的な制御が可能な領域という意味で，イメージの「制御可能領域」，その性質をイメージの持つ「制御可能性」と呼びます。また，後者については，その性質を藤岡（1974）がイメージの「自律性」と呼んでいるのを踏まえ，意識的な制御から離れた，主体の内的な世界とより深く結びついた領域という意味で，イメージの「自律領域」と呼びます。

　従来の多くのイメージ表現法では，この後者のイメージの「自律性」に"治癒力"があるとして重視してきました。前章でも書きましたが，この"自然な"流れを阻害せずに自律性を発現させることが，心理面接におけるセラピストの

```
周辺部  イメージの制御可能領域  ← 意図
         ↓ ↓ ↓ ↓
- - - - - - - - - - - - - - - - - -
中核部  イメージの自律領域    ← 身体感覚・感情
```

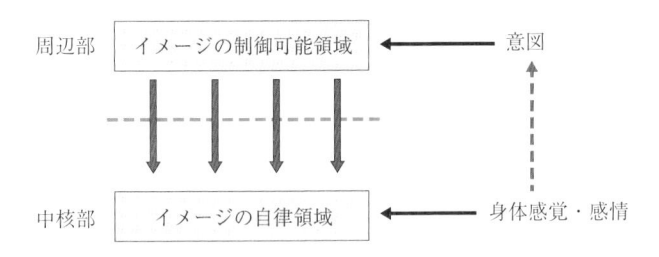

図7-1 イメージの「自律領域」と「制御可能領域」の関係

重要な課題とされてきました。一方，主体が意識を働かせて"勝手に"イメージを操作することやそれを制御するようなセラピストの働きかけは，浅いレベルのもので，言ってみれば治療的には価値の低い，否むしろ反治療的な行為とみなされてきた嫌いがあるように思います。確かに，主体が闇雲にイメージを自分の意思で動かしたい方向に動かそうとすることは，望ましいことではありません。このようなことを続けると，主体の中で，自身が知的に制御しようとする部分と，身体感覚や感情を基盤とする内的な世界とが離齬を起こし，結果的には，イメージの自律的な展開が止まり，イメージそのものが消えてしまったり，場面が飛んだり，体験者自身がイメージ体験を苦痛に感じるということが起きてきます。しかし，ここで読者にお伝えしたいのは，イメージの「制御可能領域」に働きかけることが，即イメージの「自律領域」を侵害することにはならないということです。つまり，体験者が自身の身体感覚や気分と丁寧に照合させながら「制御可能性」を発揮させると，イメージの「自律性」を阻害することなく，離齬を生じさせることなく，イメージの「制御可能領域」に働きかけることが可能だということです。イメージの「制御可能領域」と「自律領域」の関係については，図7-1を参照してください。

2.「制御可能領域」への働きかけによって起こる「自律領域」の変化

　イメージを体験している人に対して，その人の身体感覚や感情や気分を手掛かりに，少しでも安全と感じられるようにイメージの「制御可能領域」に働き

かけることを試みると，意図性が直接的には及ばない「自律領域」の変化も一定程度引き出せるということを，筆者は多くの事例を通して経験してきました（福留，2004）。

たとえば，Aさんの事例におけるフリー・イメージでは，当初頻繁に現れた険しい雪山の斜面を滑り落ちながら這い上がろうとするイメージ（初めの自律領域のイメージ）に変化が起こりました。すなわち，危険な山を登るにはそれなりに装備を整えて登るということや，水かさが増した川は無理をして渡ることを強行しないなどの意図的で制御性を発揮させた工夫を体験者が繰り返す（イメージの「制御可能領域」への働きかけ）うちに，夕暮れには山登りを続行せず，休みながら進むという無理をしない登り方（「自律領域」のイメージの変化）に変わりました。その変化は，繰り返し夢や日常の対人行動の変化としても報告されました。

またBさんの事例における箱庭では，家を巡るテーマ（初めの「自律領域」のイメージ）が作品に現れると，クライエントは苦悩感に圧倒されて動けなくなっていましたが，そのしんどい感覚が少しでも軽くなるようにできる工夫を自分の感覚を確かめながら探すように促すと，ミニチュアの置き位置や領域にさまざまな工夫（イメージの「制御可能領域」への働きかけ）を繰り返し行いました。その結果，15回目以降の箱庭では，クライエントは何ら意図的な修正を加えなくても「安全感覚」を揺さぶられることのない作品（「自律領域」のイメージの変化）を作り，「これでいい」と満足気に語って作成を終えました。

このように，自身の身体感覚や気分との照合を重ね，「危機感覚」と「安全感覚」を確かめながらイメージの中で意図的な工夫を行っていると，「制御可能領域」からの影響を受けて，イメージの「自律領域」にも変化が起こったと考えられます。何度も繰り返しますが，意図を働かせるときは，飽くまで身体感覚や気分を丁寧に確認し，それらと照合しながら進めることが肝心です。単に論理的な整合性を求め，知的な価値判断に偏った方向でイメージを動かそうとすると，そのイメージは，主体の深い内的な世界とは遊離して，イメージ体験そのものが意味のないものになってしまいます。

3.「制御可能領域」への働きかけとセルフ・コントロール

　イメージの「制御可能領域」へ働きかけるという行為は，主体の自分自身の状態に対する意識性を高め，セルフ・コントロールへの動機づけを高める効果があると考えられます。また，現れたイメージの中で感覚や気分を丁寧に振り返ることを通して自分の状態に気付くため，セルフ・モニタリングやセルフ・ケアの態度を養うことに通じると考えられます。

　本来，感情や気分はそれが強ければ強いほど，体験的距離は失われやすく，主体の制御性も低下します。このような時に，自身の感情や気分の変化をイメージという視覚的な情報に変換することで，そのイメージからの情報を手掛かりに自身の状態についての新たな気付きを得ることができます。感情や気分や漠然とした身体感覚などは，そのままの状態で制御することは大変困難ですが，イメージという別の情報に変換することで，制御を一定程度可能にすることができます。イメージを利用した，このような体験は，自己制御感を喪失しているクライエントにとっては，わずかでも対処可能性を保持しているという感覚を蘇らせ，混乱した状態から自己感覚を回復させるきっかけを与えます。

　イメージを手掛かりとした感情のコントロール法を面接場面でできるようになれば，次は日常生活のさまざまな場面で，自ら工夫してイメージ過程を活用するように働きかけます。筆者の経験では，セルフ・コントロールのために日常場面でイメージを活用しているという報告を受けることがよくあります。「家に帰ると家事や子どもの世話に追われるので，勤めの帰りのバスの中でイメージを思い浮かべる。イメージから自分の状態が分かると，イメージの中でできるだけの対処を行い，会社の気になることはすべて忘れて，家に持ち込まないようにして帰る。」と報告した人がいました。クライエントは生活の中でイメージ法を最も実行しやすい時間や状況を見つけ，活用の工夫を行っているように思います。成瀬（1988）は，「心理療法は，本来的に自己治療としてみるべきだ」と述べていますが，面接場面を離れた後のクライエントの「自己治療」を念頭に置いて働きかけることが重要だろうと思います。

4. 二つの相反する心的態度：「自律領域」を"受け止める態度"と「制御可能領域」に働きかける"工夫する態度"

　イメージをその性質から，二つの領域に分けて考えてきました。それぞれの領域に対して主体がとる態度から見ても，相反する二つの心的態度があることがわかります。すなわち，内的な深い世界と繋がった意識性を超えた「自律領域」の動きを，あるがままに"受け止める態度"と，からだや感情でキャッチできるものも含めて，持てるものを駆使して努力しようと"工夫する態度"の二つです。考えてみれば，私たちが人生を生きる時には，これらの相反するように見える二つの態度を両方持ち合わせていないと，さまざまな境遇を切り抜けることはできないでしょう。また，そのどちらも欠かすことはできないでしょうし，どちらかだけに偏るということも生きにくさに繋がっていくと考えられます。ですから，筆者が提唱するイメージ療法では，これらの二つの態度を，クライエントがイメージ・プロセスの中で身につけることを目指しています。

第 8 章

イメージ表現法における
セラピスト−クライエント関係

1. セラピストの「安全感覚」とクライエントの「安全感覚」

　クライエントが危機的な状況にあるとセラピストが判断する基準は，あくまでセラピストに備わった「安全感覚」が基になるだろうと思います。一般にクライエント側の「安全感覚」は，先のAさんやBさんの事例からすると，「危険を感知する感覚」が弱かったり，「危険な対象に状況を顧みずに近付く」ために，不安や恐怖に無防備に晒され，脅かされていることが多いと考えられます。これらが，クライエントを苦悩させている所以ではないでしょうか。セラピストは，ある程度客観的にクライエントの置かれている状況を判断することができるため，クライエントのイメージ報告を聞いて自らの「安全感覚」に"揺れ"を感じた場合，〈大丈夫ですか？〉などと言葉かけを行い，クライエントに警告として伝えます。クライエントの「危険を感知する感覚」が弱いということは，「安全感覚」の"揺れ"を感じにくいということでもあります。セラピストが自らの「安全感覚」の"揺れ"をアンテナにして，クライエントに"揺れ"として伝え，そうすることでクライエントは自らの「安全感覚」の脆弱性に気付かされることになります。クライエントの「危機感覚」や「安全感覚」自体について，言語面接で話題にすることもできると思います。このようにして，健康人としてのセラピストの「危機感覚」と「安全感覚」が，クライエントに徐々に取り入れられると考えられます。クライエントの「安全感覚」の基盤があまりに脆弱である場合，時間をかけた信頼関係の構築から始めなければ

ならないでしょう。
　このような働きかけを行う場合，セラピスト自身の「安全感覚」がクライエントを導くために手掛かりとして利用されることになるわけですが，セラピスト側の「安全感覚」にはそれぞれ個人差があるため，その介入の仕方や程度，タイミングには微妙な違いが生じるだろうと思います。筆者の場合，どちらかというと心配性で保護的になってしまいがちなので，〈老婆心ながら心配になるのですが……〉などと断りながら，それが行き過ぎた介入になっていないかをクライエントに尋ねながら，その反応をみて次の介入を考えるということをしています。つまり，クライエントのペースを気遣いながら進めるという関係が大事です。

2.「安全感覚」の育成とセラピスト−クライエント関係

　イメージ表現を介したセラピストとクライエントの関係性について，飯森(1998)は，「得体のしれないものが横たわるイメージの世界にいる患者と，足場のしっかりとした言語の陸地にいる治療者とが浜辺で交流しながら，いつしか患者を陸地にあげていくようなものである」と比喩的に述べています。
　イメージ過程で起こるセラピストとクライエントのやり取りをもう少し詳細に見てみましょう。クライエントはセラピストによる言語的な誘導に従って，イメージ過程を体験することになります。一般にイメージに導かれる過程は，案内編でも述べましたように，「からだの感覚や気分と密接に繋がったイメージの自律性に従う」ことであり，「意識的なコントロールの手綱を緩める努力」から始まると考えられます。そのため，飯森も述べているようにクライエントにとって「得体のしれない」領域に足を踏み入れるような，かなりの不安を伴う体験になると想像できます。この「意識的なコントロールの手綱を緩める」ことへの不安は，二つの側面からくる不安であるだろうと思います。一つ目はクライエント自身の無意識に足を踏み入れることへの対自的な不安であり，二つ目は，目前のセラピストにより深く内界を知られるという対他的な信頼に関係する不安です。これらの不安は，イメージの内容と展開に当然のことながら影響を与えてきますので，そのことを理解した上で，クライエントの納得する

ペースで進めることが大事です。

　他方，セラピストはクライエントが語る言葉を手掛かりに，そのイメージの内容と体験の在り様を理解しようとします。セラピスト自身も聞きながら自らイメージを浮かべ，うまくイメージできない部分や不明な部分，また気になる部分については尋ねることをします。そうすることで，クライエントのイメージ中における体験，驚きや恐怖，喜びの感情になるべく近い状態を追体験しようと努力します。しかし，その一方でセラピストは，自らの健康人としての「危機感覚」と「安全感覚」を作動させ，援助者としてクライエントを守ろうとする冷静な判断を働かせながら，足場はしっかりと陸地に維持しようと努力します。クライエントとなるべく近い位置で追体験しようとする努力と，クライエントを冷静に眺め守ろうとする努力の両面が状況に応じてうまく発揮された時には，イメージ過程でセラピストがクライエントに発する言葉は，同じイメージを同じ時に共に体験しようとする「伴走者」の語りかけとなり，その時の悲しみや喜びをわかろうとする「共感者」の励ましとして伝わり，また時に冷静な状況判断を伝える「誘導者」からの警鐘として響くだろうと考えます。これらの語りかけを受け取るクライエントの側からすると，自分は独りではない，いざという時にはセラピストが守ってくれるかもしれないと感じ，また自分では気付かなかった危険の存在を教えてくれる人，自分の安全を気にかけてくれている人が傍にいるという体験をさせてくれるものとなるでしょう。

　このように，イメージ過程の展開には，その背景にセラピスト－クライエント関係が重要な基盤としてあります。ここで言うセラピスト－クライエント関係とは，「二つの次元の信頼関係」を意味しています。つまり，対他的な二者間の信頼関係だけでなく，セラピストとクライエントがそれぞれに自身の身体感覚や気分や内界に触れることに自由であるという意味での，対自的な信頼関係を含むものです。クライエントが安心して内界に触れることができるためには，それを支えるセラピスト自身が先ず，自身の身体感覚や気分や内界に近づくことに抵抗のない態度を持っていなければなりません。そういう意味で，イメージ展開は，セラピスト－クライエント関係における「対他と対自という二つの次元の信頼関係」に影響を受けていると言えます。

　「安全感覚」の育成に関連して言えば，イメージ中でなされる安全に配慮し

たセラピストの語りかけが，クライエントの中に自身の「安全感覚」を大事にする態度を生むと考えられます。それと同時に，自分の安全を気にかけてくれる人がいるという感覚が，セラピストへの信頼感を生み，クライエントの中に他者の関係性に対する「安心感」を育むという構造があると考えられます。滝川（1984）は，ある援助技法とその背景の要因との関係について，「一般に，ある特定の技法が臨床的に機能するためには，おそらくその技法のそとに，ひそかにそれを支える気質みたいなものが必要になると思われる。ちょうど，舟はそれ自体で浮いたり動いたりするわけでなくて，周りに水があって初めて可能であるように」と述べています。舟を動かす水の流れとしてセラピスト－クライエント関係が底流にあり，舟を操縦する方法としてイメージ技法の手続きがあると考えることができるでしょう。

第9章

イメージ法の適用と注意点

1. どのような時に，何を目的にイメージ法の導入を考えるのか

　心理療法の中で実際にイメージ法を導入する場合，その提案や実施のタイミングについては，クライエントの状態に即した適切な判断が必要となります。
　藤原（1999）は，セラピストが「イメージを導入したくなる時」として，「なんらかの形の不安や緊張などの感情的体験に基づいて症状が発生したり，固定化がなされているとか，適応行動がそのために促進されないといったことが予測される場合」，「言葉のレベルでは理解でき，よくまとまっており，論理的であるにもかかわらず，感情表現に乏しいとか漠然としているなどの場合」を挙げています。また田嶌（1987）は，外界に注意が固定した「外界志向的構え」から，精神内界へ注意が向かう「内界志向的構え」へと変化した状態を挙げています。
　筆者は，周囲の現実状況とクライエントの不適応状態の関係，治療過程における進展状況，クライエントのイメージへの適性などを総合的に勘案して導入を考えます。概ね，以下のような点を判断規準にしています。

(1) 不安感が現実的な脅威によるものではなく，クライエントが対象に抱いているイメージそのものが不安感を増幅，強化していると考えられる場合。
(2) 現実状況に比べてクライエントの内的不安が大きく，イメージの変容によって不安が低減されると考えられる場合。
(3) クライエントの言葉による意識的なレベルの語りだけでは進展が見られ

ないため，異なったレベルでのクライエント理解の視点を得たい場合。
(4) 言語面接で得られる情報だけでなく，クライエントの深層を含めた多面的な特徴をとらえたい場合。
(5) クライエントの状態や行動パターンをイメージ展開の特徴から把握したい場合。
(6) イメージ・コントロールによって，気分の変化が可能と考えられる場合。
(7) 不安感低減のために緊急に介入する必要があり，イメージを用いることが可能な状況にある場合。
(8) クライエントの言語表現に，比喩やイメージを借りた表現が多く含まれ，イメージ法に適性があると考えられる場合。
(9) うつなどの気分の落ち込みがなく，深い内界に触れても安全な状態であると判断できる場合。
(10) 神経症圏以上の現実検討力や健康度があること。

以上の条件をクリアーしていると考えた場合，クライエントに提案し，同意を得てから実施します。

2. イメージ過程全体を通して目指す援助の道筋

イメージ法を通して，筆者は次のような援助の道筋を描いています。

(1) 危険な感覚の覚知と安全な感覚の育成

現れたイメージに伴って，どのようなからだの感覚や気持ちが感じられるかを把握することをまず目標にします。初めてイメージ法を体験した人は，ある場面や情景が視覚的に見えるだけで，それに伴って何の感覚も気分も感じない場合が多いものです。「今，どんな感じですか？」と尋ねても，「どんな感じって，別に何も感じません」という答えが返ってきたりします。しかし，イメージ法を何回か体験しているうちに，同様の質問に対して，「どちらかというと，あまりいい気分ではありません」とか，「嫌な感じはしません」というような，漠然とした中にも，大きく分けて快か不快か，どちらに属する感覚が自分の中

に生まれているかを把握できるようになります。

　そうするうちに，体験者の中に，自分はどのような対象や場面で「不安な感じ」がするのか，また，どんな場面では，比較的「安心な感じ」がするのかについて，自分自身の反応の傾向や特徴がわかるようになります。同時に，さまざまな場面で，周囲の状況を認識しにくいとか，感情を感じにくいとう傾向もイメージ体験の中でわかってくるようになります。このような視点は，現実生活におけるさまざまな状況でのセルフ・モニタリングにも反映されるものです。

(2) "楽になる工夫" を通して，苦悩感・不安感の軽減と緩和

　人がある問題に苦しむ時というのは，葛藤を抱えて動きが取れないという現実面での苦悩に加えて，その問題を自分ではどうすることもできないという制御不能感や無力感，重圧感，平穏を乱される不安感など，自身の心理的な側面に由来する感情が苦しみをより強くしていると考えられます。イメージ法で目指すものは，現実的な側面への働きかけではなく，イメージを手がかりに自身の心理的な苦悩感へ働きかけることにあります。苦悩感や不安そのものをコントロールすることは困難ですが，イメージという絵的な手掛かりを基にイメージに働きかけることで，結果的に感情部分をコントロールすることが可能になるというわけです。イメージの中で，不安や苦しみを自分の心の中でどのように位置づけると，以前より少しでも楽に，安全に抱えることができるかを探し，その工夫をすることを目指します。

(3) 現実や生活レベルでの行動の変化

　不安や不快なイメージ場面で，自身を少しでも楽に安全にするにはどうしたらいいかを工夫するうちに，心の中に小さくても実感できる安堵感や安全感覚が生まれてきます。この体感された安全の感覚と同時に，苦しい感覚が和らいだり，不安な気持ちが僅かですが軽くなります。その結果，今まで感情的な問題で阻止されていた現実的な行動が，不安感が和らぐことで以前より起こしやすくなります。このように，イメージ法で直接的に働きかけるのは，イメージ中での体験に対してですが，その先には，現実的なレベルでの行動変化が援助目標としてあります。

3. イメージ法の禁忌と導入に当たっての注意

(1) 禁忌

　イメージ過程では，普段意識することのない内面世界に触れる体験がなされます。その体験が，心理療法において治療的な力を発揮するものになる場合もあれば，クライエントにとって思い出したくない場面が急激に表れて混乱し，症状の悪化を招く場合もあります。したがって，臨床上の適用に際しては，病態水準の判断が不可欠となります。適用対象は神経症水準や健康人のレベルであり，境界例より重い場合には禁忌と考えてください。日常生活で比較的適応的に暮らせている人であっても，心の「覆いをとる」（北山，2009）ことに繋がりますので，慎重に導入することを心がけてください。

　なお，門前（1995）は，イメージ法を一人で行う「イメージの自己体験法」における注意点として，「心の声に振り回されてしまいがちな人」，「不安感が強く刺激されたとき」は専門家に相談することを強調しています。また，「イメージ体験ばかりに没頭」しすぎると，「現実を忘れてしまうことになりかねない」として，現実生活とのバランスを失わないように注意しています。

　［案内編］の第1章でも述べましたように，一人でイメージ体験を行う場合は，イメージを見守る視点が自分の中に十分に育っていないと不安感が増大することがあります。むやみに危険な対象や場面に近づかないという原則を守り，特に閉眼で深く行うことは避けてください。

(2) イメージ法導入に当たっての必要な見立て

　筆者は，イメージ法を臨床上安全に用いるための検討を行ってきました。イメージ法の導入や適用には慎重な態度で臨んできましたが，正直，今までの臨床経験を振り返ってみて，クライエントにとって援助に繋がらなかったのではないかと懸念する経験もありました。この経験を材料にして，心理臨床場面においてクライエントのイメージ世界に触れるには，何を見立てておかなければならないかについて考えたいと思います。

　筆者が学生相談を初めて1〜2年目の，25年ほど前に経験した事例です。家族への不満と対人関係がうまくいかないという主訴で男子大学生が来談しま

した。家族関係や友人関係の悩みを抱えながらも授業には出席し，サークル活動もやや不器用ながら続けていましたので，筆者は初め神経症圏のクライエントと見立てて面接を行っていました。面接開始後１年を経過した頃から，筆者に強い攻撃性と依存を向け始め，筆者への激しいしがみつきと価値下げが繰り返し行われ，他の学生への強い嫉妬感情や被害感が増大しました。医療機関に繋ごうと試みましたが，クライエントは医師と言い争って喧嘩別れすることが多く，一定の機関での治療関係は継続しませんでした。数年後に相性のいい医師との出会いがあり，以後は薬物治療をきちんと受けることができるようになりました。大学内の援助体制としては，筆者との関係だけでなく，相談室の「溜まり場」における仲間との繋がりや複数のスタッフによる支えがありました。このような状況の中で，面接でクライエントの不安感情に触れた際，〈その感じが入っていると思える容れ物があるとしたら，どんなものが思い浮びますか？〉と尋ねてみました。すると，「大学のグラウンドくらい大きい箱」という返事が返って来ました。これは筆者の想像をはるかに超えるものであり，この答えを聞いて今更ながらにクライエントの不安の大きさと無力感を思い知らされました。そのどうしようもない感じに，その当時の筆者は返す言葉もないまま，クライエントと共に黙するしかなかったことを憶えています。この後に状態の特別の悪化は見られなかったのですが，セラピストの問いによってイメージによる表現を求められなければ，クライエント自身，漠然とした不安を体験しているだけで済んだかもしれない，イメージ化を促されたことで，今まではっきりとは気付くことのなかった不安の大きさを否応なく見せつけられたのではないかと考え，イメージに接近することの危険性を思い知ることとなりました。

　この経験を通して，臨床場面でイメージ体験を促すことは，普段は閉じられている心的世界の扉を開くことになるので，そこで展開する体験を受け止めることができる自我の強さと現実検討力が不可欠であることを読者の皆さんに強調しておきたいと思います。

（3）言葉の交換過程はイメージの交換過程である

　前述の経験がなければ，筆者は本書のテーマである，"どのようにしたらク

ライエントがイメージを安全に体験できるのか"という問題を考えることはなかったかもしれません。先の事例では，特別な導入手続きを必要とするイメージ表現法を適用しているわけではないので，経験の浅かった筆者は，言語面接での言葉の交換が，その仕方によってはクライエントのイメージ体験そのものを促進するということに気づいていませんでした。たとえばクライエントが過去の出来事について語っている時には，その場面がイメージとして思い浮かび，当時の感情や感覚も追体験されているはずです。リアルに感情を込めて語る時には，なお一層そうであろうと思います。また，言語面接でクライエントの語りに対して，セラピストが具体化や明細化を求める問いかけは，イメージに向き合わせ，直面を迫るという意味を持ちます。このように，普段の対話における言葉の交換自体が，実はイメージの交換過程である，もっと言うと，イメージ体験を深める作業に繋がると言えます。このような視点を持って対話に臨めば，不用意な言葉の使用や問いかけによって，危険な体験に接近させてしまうことを防ぐことができると思います。

神田橋（1997）は，「言葉はイメージを運ぶ荷車」という表現を用いて，「対話精神療法は，イメージをやり取りする作業である」と述べています。イメージ療法でイメージを扱う場合だけでなく，言葉を用いた対話自体に，イメージ体験に触れるプロセスが含まれるということを認識しておくと，言語面接をより安全に進めることができるだろうと思います。

第10章

壺イメージ法について

1. 壺イメージ法の標準的手続きと運用の原則

(1) 壺イメージ法誕生の背景

田嶌 (1987) は,壺イメージ法誕生の背景について,神田橋・荒木 (1976) の「自閉の利用」と,増井 (1982) の「問題や悩みについての身体の感じを箱のイメージの中に入れる」という「間を取る」イメージ法の影響を挙げています。さらに,「患者が自己の精神内界における危機的な体験にさらされなくてすむような『安全弁』を設け,それによって治療のペースをコントロールすること,『より全般的・根本的なイメージ界の再編』を狙うのでなく,局部的なそれを目指すこと」を考えながらイメージ法について試行錯誤を重ねていたと言います。そのような時期に,ある重篤な患者さんとの出会いがあり,「洞窟の中に手前から奥へとたくさんの壺が並んでいる」というイメージの報告を基に,壺イメージ法を考案したと述べています。

(2) 壺イメージ法の標準的手続き

前節のような背景と経緯を経て,「イメージの体験様式のコントロールを主軸とし,本人自身の体験に沿って進め,かつ危機的体験に直接触れることや急激に進行することを防ぐ『安全弁』を備えたイメージ技法」として,壺イメージ法が誕生しました。以下に,田嶌 (1987) による大まかなステップを示します。

①壺イメージ導入準備。
②壺イメージ導入:いくつかの壺(または壺状の容れ物)出現の教示。

③壺の中にちょっと入ってみる→壺の並べかえ。
④壺の中にゆっくりと入っておく。（＝中での感じを十分に感じる，または味わう）
⑤壺の外へ出て，蓋をする。
⑥壺と十分に距離をとる。
⑦次の壺に入る，または終了。

(3) 壺イメージ法の運用の原則

　壺イメージ法を安全に運用するために必要な条件を以下（田嶌，1987）のように述べています。この部分は，壺イメージ法を背景で支える重要な事項となります。

①安全弁を備えた治療構造

　壺は強烈な体験に晒されることを防ぐ「安全弁」として機能するが，「安全弁」を有しているが故に，より深いものが露呈するという危険性があるので，導入に当ってはこのパラドックスを十分に認識しておく必要がある。そのためには，患者自身が自身の内的感覚を利用して，治療のペースをコントロールできるように，患者のペースを無視した「治療」が行われることを防ぐ力（「(他者に)注文をつける能力」，「他者に働きかける力」）の育成を目指す。

②「工夫する能力」の育成

　危機的イメージに対してステレオタイプな反応しかできない場合，それに対する有効な対処法として，「工夫する能力」を育成する必要がある。その人が自身に有効な工夫を見出すように援助する。

③スモール・ステップ

　最初は壺の中に入らずに眺めたり蓋をしたりするだけ，次は覗いてみるだけ，次は手をいれてみるなど，スモール・ステップで行う。

④性急な言語化の保留
漠然としたイメージ体験は性急に言語化を求めると壊れてしまいやすいので，沈潜して味わい，言葉になるのを待つ。

①の「(他者に) 注文をつける能力」に関連して，筆者は，クライエントが感じるさまざまな疑問点があれば，セラピストに言ってほしいということを，面接の開始時に必ず伝えるようにしています。これは，セラピスト－クライエント関係を構築するために必要なインフォームド・コンセントの過程であり，合意形成のために必要な具体的手続きになると考えています。筆者は，クライエントがこの「注文をつける能力」をつけるためには，セラピスト側には，「注文を請け負う用意があることを伝える行為」が必要であろうと考えています。筆者の場合，面接過程の途中でも繰り返し，「面接の進め方やセラピストに対して伝えたいことがあればいつでも聴く用意がある」ことを伝えるようにしています。

④に関連して，イメージとして見えていること，感じられていることをすべて言葉で報告をする必要はないこと，セラピストに話しても大丈夫と思える部分だけ報告すればいいことを，イメージ・セッションの導入部で説明します。そうすると，クライエントは自分の内的世界に不用意に侵入される恐れを抱かず，安心してイメージを体験することができるようになります。

2. 壺イメージ法の特性と関連して

(1) 領域の細分化と壺の複数性，枠の重層性
心の中のことを，枠のある複数の領域として細分化して体験できることは，壺イメージ法の優れた特性の一つと考えられます。中井 (1987) は，"枠づけ法"において，枠の中をさらに仕切って書き込んでもらうと，急性統合失調症の場合でも可能になると述べ，壺の複数性との関連を指摘しています。筆者 (1992) は，壺イメージ法を適用した吃音の事例（実践編第11章 2. (2) 参照）を報告し，枠を備えた細分化された領域の複数性自体に，次のような治療的な特性があると指摘しました。第一に限定された範囲となり，対応が困難な領域でも，直面あるいは直面しないでおくことが比較的容易になること，第二に複数に分

けられることによって，困難の程度がいくつかに階層化されて体験できること，第三に複数の領域の中に，相対的に少しでも楽と感じられる領域があることを発見できる，あるいは結果的に生起してくること，第四に枠で守られた異なる性質の領域を同時に抱える能力が育つこと，を挙げました。これら四点に加えて，細分化による枠の重層性が考えられます。広い領域をいくつもの領域に分けて枠を与えるということは，枠がいくつも存在し，一つの領域が他の領域から区別され，侵害されたり影響を受けにくいということになります。そのため，心の全体としては，安定を保ちやすいということに繋がるのではなかと考えています。

(2) たとえるなら,「庭全体」ではなく，一つ一つの「鉢」の手入れ

壺イメージ法の教示によって現れる壺や箱などは，一つ一つが枠を備えた容れ物であり，問題となる内容物はその中で保護され，比較的まとまった形のある物や状態として体験されます。一方，場面や対象を指定しないフリー・イメージ法の場合，現れる場面全体が対象となります。これらの違いについて筆者は，一つの庭全体の手入れと鉢一つ一つの手入れや管理の違いに似ていると感じています。

庭全体の場合を考えると，どこにどんな植物が今どのような状態にあり，また新しい芽がどこに出てきているか，どこに生育の悪い植物があるかなど，全体の状態をよく把握して管理することは，大変骨が折れる作業です。広い庭は，相当頻繁に手入れをしないと，すぐに雑草で覆われてしまいます。それが鉢の場合ですと，単純に面積が狭く小さいということから，問題が発生しても比較的対処がしやすいですし，また一つ一つに枠があるということから，問題の鉢内で処理がすみ，他の鉢から少し離しておくと飛び火しにくいということがあります。また何よりも，鉢の位置の入れ替えをすることも容易にできます。普段は後ろの物陰に追いやっていた鉢も，余裕があるときに手前に出して，手入れをし直してやると，また新しい芽が出てくることがあるかもしれません。

心の健康を守ることを，上手に心の手入れをすることと考えれば，壺イメージ法は「心の手入れをしやすくする心理的なツール」と考えることができるのではないでしょうか。

第Ⅱ部

【実践編】

第11章

閉眼イメージ法

1. 心理面接における導入準備から終了までの手続き

　本節では，心理面接の中で実際に閉眼イメージ法を導入する手順を，なるべくわかりやすく伝えるために，筆者が普段使っている説明や言葉遣いをそのまま表記してみました。

(1) 導入の準備段階（説明と提案，開眼による練習）
①説明と提案
　心理療法に非言語的な技法を取り入れた場合でも，言葉が持つ役割の重要性に変わりはありません。言外で現される領域を取り扱うことになるわけですが，クライエントとセラピストのやりとりは言葉を用いて行われますので，その重要性はむしろ増すと考えた方がいいかもしれません。クライエントの訴えを言語レベルで十分に聴く姿勢を常に大事にしながら，第9章1で述べたようにイメージ法を用いることが面接過程に新たな展開をもたらすと判断された場合，セラピストはイメージ導入の提案をします。筆者が通常行う提案の例を以下に具体的に示してみようと思います。

　「普段私たちが，自分や物事について考えるのは意識的なレベルで行われますが，もう少し深いところで自分がどのように感じているかを体験する方法があります。それを私たちは，普段，夢というかたちで見ることができますが，今この面接の場で，起きたままの状態で目を閉じて十分にリラックスすると，夢と同じようなイメージの流れを体験することができます。このイメージ体験

を通して，普段の意識レベルでは気づかない自分の行動の特徴や気持ちに気づくことができます。また，そのことを吟味する中で，生きるために有用なさまざまなメッセージに気づくこともあります。

　もし不安なイメージが出た場合には，夢と違って，わたしがそばについていますので，どのようにしたら少しでも楽になれるのかを一緒に考えることができます。そうすると，不安の一部分でも自分でコントロールできるようになるかもしれませんし，対処の仕方が少しわかってくるかもしれません。ここで体験したイメージは，やがてあなたの現実生活と繋がっていきますので，あなたが今よりもう少し生活しやすくなるのではないかと思うのです」と伝えます。

　ここまでは，セラピストからの説明とそれを踏まえた提案です。これからがインフォームド・コンセント，つまり心理面接における合意形成のために，クライエントからのイメージ療法についての疑問や不安に耳を傾けることを行います。この合意形成のプロセスを丁寧に行うことは，言語面接の場合と同じです。疑問や不安に応えるのは，導入時だけでなく，いつでもそれに耳を傾ける用意があることを伝えます。

　②開眼による練習
　セラピストの提案に同意が得られたら，筆者の場合は，すぐにイメージ過程に導入せずに，開眼状態のままでイメージ練習を行います。あるいは，その回は説明だけにして，次の回から始めるということもあります。この練習段階では，自由なイメージよりも一定の対象を指定した方がイメージが浮かびやすいと思います。たとえば，「目を開けたままでも，"海（あるいは野原）"のイメージを思い浮かべることができますよ。どうですか？　どんな海が浮かびますか？」と尋ねます。たいていはこの教示だけで，なんらかのイメージが語られることが多いです。このような簡単な導入によって，イメージが容易に感じられ，身近なものであることを実感してもらいます。これだけでも導入としては十分ですが，もう少し深く体験してもらう時間的な余裕がある場合は，浮かんでいるイメージに関連して，視覚的な特徴だけでなく，五感で何か感じているか（「目で感じる以外に，波の音や砂浜の感触などが感じられますか？」など），

どんな気分を感じているかについて質問を行い，イメージが五感や感情との繋がりがあるということを確認してもらいます。この段階での目的は，(1) イメージが特別のものではないこと，(2) 思い浮かぶイメージがクライエント自身の内界の産物であること，(3) イメージでは視覚に限らず，五感や感情，身体感覚も同時に感じられることなどを実体験してもらうことにあります。

　開眼による練習は，クライエントが内界の最も浅い層のイメージへ接近するためのものです。したがって，意識レベルに最も近く，意識的な操作をしやすいイメージ過程ということができます。閉眼を恐れるクライエントの場合には，この開眼状態でイメージを意識的に操作し，それに随伴する不安感情を緩和させる開眼イメージ法を用います。開眼イメージ法については，次章を参照してください。感情そのものをコントロールすることは困難でも，イメージを介在させることでそれがある程度可能になります。また，病態水準が重いほど，精神内界への接近は慎重にしなければなりませんが，イメージ過程についても同じことが言えます。対象の状態によっては，適用上の安全を考えて，あえて開眼イメージという浅い層での接近に留めるという判断も大切です。

(2) 導入

　イメージに対する不安が和らぎ，閉眼に抵抗がない場合には，次の手続きに進みます。落ち着いた気分で内界のイメージを体験できるよう部屋の状態に配慮し，クライエントに確かめながら安心できる程度に照明を落とします。ゆったりした椅子とクッションなどを用意して，深く座ってもらいます。心身をリラックスした状態で閉眼に導き，温感暗示などを援用しながら，イメージ過程に導入します。以下，具体的な教示例を示します。

「はじめに，身体の緊張をほぐしておきましょう。肩をぐーっと耳の近くまで引き上げて，それからゆっくり力を抜いてください。何度か繰り返してみましょう。首もゆっくり回してほぐしてみましょう。（セラピストも一緒に肩や首を動かす）……はい，では，次に深呼吸をしながら，静かに目を閉じてください。5回くらい，ゆっくり深呼吸をしてみましょうか。息をゆっくり吸って，ゆっくり吐いてください。息を吐くときに，身体の力を抜くようなつもりで，

吸うときの倍くらいの時間をかけて，ゆっくり吐いてください。(5回すんだら)……はい，では呼吸を普通に戻して，楽にしてください。……では，両手をお腹のあたりに当ててみてください。今あなたの手が当たっているところが，だんだん温かい感じがしてきますよ。しばらく待っていたら，温かい感じがしてきます。……急がなくていいですよ。……お日様が気持ちよく当たっている場面などを思い浮かべると感じやすくなるかもしれません。……どうですか？……（しばらく待って，温かい感じが出てきたようなら）……イメージに移っても大丈夫な感じがしたら，教えてください。（温感がまだのようなら，「もう少し待ってみましょうね」と伝え，急かさないで待つ）……では手を楽な位置に戻してください。どこか窮屈なところがあれば，いつでも姿勢を変えていいですよ。……では，今からイメージに移りましょう。はじめに，イメージの幕のようなものを思い浮かべてください。劇場の緞帳のようなものでも，カーテンのようなものでも構いません。自分の気分にぴったりするものが出てきたら教えてください。……では，その幕を開けてみましょう。

〈フリー・イメージの場合〉幕を開けたら，向うの方に何か見えてきますよ。

〈草原の指定イメージの場合〉幕を開けたら，向うの方に，草原のような風景が見えてきますよ。何か見えてきたら，教えてください。

〈壺イメージの場合〉幕を開けたら，向こうの方に，あなたの心の中のことが少しずつ入った壺か箱か，なにか容れ物のようなものが見えてきますよ。何か見えてきたら教えてください。

……初めは，ぼんやりとしか感じられないかもしれません。それでいいんですよ。無理に一生懸命はっきりと見ようとすると感じにくくなるので，待っていたらそのうち何かが出てくるかもしれないというゆったりとした気分で待っていてください」。

(3) 展開中の質問と言語化

イメージが何か語られたら，セラピスト自身もイメージが描けるよう情景についていくつかの質問をします。クライエントのイメージは初めから全体がはっきり見えているわけではなく，セラピストから質問されることで，自分のイメージに注意が向き，そうすることで，曖昧な部分が徐々に鮮明になってい

きます。場面に伴う感情や感覚についても同様のことが言えます。うっすらとしか感じられていない気分なども，セラピストから尋ねられることによって，よりはっきりと気づくようになります。このようにイメージ過程におけるセラピストの質問は，体験の明確化や促進，焦点化などの機能を暗に含むものと言えます。しかし，すべてが語られる必要はありません。クライエント自身によって体験が十分にされることが第一の目的であり，そのためには語られない部分や語りたくない部分があってもいいのです。「イメージの中で浮かんでいることを，すべて話さなければいけないということはありません。話したくないことは話さなくていいですし，話せないことは無理に言葉にする必要はありません」というふうに，前もって伝えておくと，クライエントは安心してイメージを体験することができます。

　場面展開中には，セラピストは自発的に起きるイメージの流れを阻止しないように，流れに寄り添うような心持でときどき質問をする程度でかかわります。同時に，クライエントの表情や呼吸の微妙な変化に注意して，沈黙の場面でも，クライエントが今何を体験しているのかを推測しながら注意深く観察する必要があります。

(4) 展開中のプロセスと介入

　イメージを繰り返し体験するうちに，クライエントのイメージ過程での特徴が現れるようになります。たとえば，場面の描写は事細かに言語化されるけれど，語り口が説明的で，クライエントの感情を素通りしているように感じさせる場合があります。このようなときは，クライエントの気持ちを丹念に尋ねながら，体験過程に繋ぐように声掛けをして介入します。たとえば，ヘビに手を噛まれるというような危機的な場面でも，クライエントはその場にふさわしくない淡々とした，無感情，無感覚の状態でイメージを語ることがあります。このような場合は，クライエントは日常場面でも同じように危険を察知する感覚が弱く，やがてより大きな危機に晒されるということを繰り返していることが多いものです。そのため，イメージ過程で気分や身体感覚の変化に注意を向け，危機を察知する感覚を呼び覚まし，安全感覚を大事にするように促します。

　セラピストが介入を考えなければならない重要な局面は，クライエントが強

い不安感や恐怖感に圧倒され，安全感を脅かされている場面です。そのような場合，クライエントの自我の強さが対象との直面に耐えられるかどうかを，セラピストはクライエントに直接尋ねるか，前後のクライエントの様子から見極めなければなりません。直面するか，少しだけにするか，直面は避けて逆に距離がとれるように促すか，助けを出すかなど，介入についての判断をする必要があります。このような場面は，クライエントの中核的な心理的課題に関連していることが多いので，対応上最も重要な局面となります。深呼吸を促すなどして，身体の側面から緊張緩和を働きかけることも恐怖感や緊張感を和らげるのに有効な方法です。

　以上，介入の原則は，クライエントとイメージとの体験的な距離が近すぎたり，遠すぎたりするのを適切に調整し，安全感が保持されるように働きかけることです。

(5) イメージ終了

　イメージにかける時間は，初めは短時間で，慣れてきても40分程度が適当です。時間とイメージの進展具合を見計らって，イメージの終了を提案します。以下に終わり方の一例を示してみましょう。

　「今日はここまでにしておきましょうか？（「今日はそろそろ時間が来たので，この辺で終わりましょうか」）……では，初めのイメージの幕を閉めましょう。……（閉まったことを確認してから）深呼吸をいくつかして，気持ちを整えてください。……もうこれで大丈夫と思ったら目を開けてください。……慌てなくていいので，十分に気持ちを整えてから目を開けてくださいね」と伝えます。

　"イメージの幕を閉じる"という教示で，幕をクライエント自身に閉じてもらうのは，イメージ中の意識状態と現実感覚の区別をつけるよう，クライエントの意志的な努力に働きかけるためです。このようにすることで，ぼんやりとした半覚醒の意識状態から，覚醒した意識状態に移行することを，体験者自身が自分のペースで決めることができます。この点は，催眠誘導者が手を叩いた音で覚醒状態への移行をさせる手続き等とは若干異なっています。

イメージ中でいい気分の体験をした時には，イメージの幕を閉めたくないという場合もありますが，その時はそれでもかまいません。また，閉じようとしても閉じないという場合は，イメージ中で気持ちの決着がついていない場合や，気がかりな部分が残っているときです。その場合は，「では，もう一度先ほどの場面に戻ってみましょう。どこか気になっている所がありませんか？　ずーっと見渡してみてください」と尋ねてみます。すると，「実は，大きな壺の陰にある小さな箱がなんか気になって……」とか，「また戻れるようにお札を置いておきたいです」など，大抵は収まりのついていない対象について語られることが多いです。このようなときもセラピストのペースで無理に閉じてしまうのではなく，クライエントの状態に丁寧に寄り添うことが大切です。納得がいくと，スムースに幕を閉じることができます。

同様に，開眼のタイミングもクライエント自身に任せることで，心身の調整に主体的に関わる態度を育成することができます。開眼したら，確認して照明を元の明るさに戻します。

(6) イメージ・セッション終了後の言語面接

イメージが終わった後の言語面接の段階では，イメージ中の体験についての確認や，セラピストの関わり方などについて話題にします。セラピストの声かけのペース，困った場面でどのように助けてほしいかなどイメージ過程で起きる諸々の問題について話し合っておくと，セラピストもクライエントも，それ以降のイメージ・セッションをより安心して実施することができます。また，イメージ中の不安場面で体験した感覚が，現実生活のどのようなときに感じられるかを尋ね，イメージ体験と現実体験を繋ぐことができるようにします。セラピストが一定の解釈を与えると，クライエントは無意識に期待されるイメージを見ようとして，イメージ体験を苦痛に感じるようになります。また，面接終了間際の時間は，クライエントが面接室を出て現実生活に戻っていく最終段階に当たるので，クライエントの意識状態を日常感覚に引き上げるつもりで，日常会話に戻して別れるのが安全と言えます。

2. 閉眼イメージの適用事例

　本節では，筆者が実際にイメージ法を用いた事例について，紹介します。［　］の中は，年代と職業／主訴／イメージ法を用いた場面の順で記載しています。事例の後には，イメージ法を適用する際の注意と事例理解のための補足説明を加えています。事例の概要については個人が特定されないよう可能なかぎり省略し，イメージ・セッションでのやり取りについては，できるだけそのままの言葉のやり取りを記載しました。また，イメージ画については，語られた言葉から筆者が想像して描いたものと，クライエントが説明のために描いた絵を基に筆者が描き直したものがあります。そのため，実際にクライエントが見ていたイメージとは若干ニュアンスが異なる可能性があることをお断りしておきます。

（1）セラピストの自己理解：仕事ぶりを振り返るイメージ

　［30代女性セラピスト／自己理解／スーパービジョン］
　中堅の域に入ろうとするある女性セラピストに対して，筆者は，月1回のペースで約2年間，スーパービジョンを行いました。個々のケースに対してではなく，心理臨床全般についてと，セラピストとしての自己理解を目的にアドバイスをするという役割でした。1年が過ぎた頃からセラピストの自己理解を目的に，イメージ法を行うようになりました。以下は，約2年が経過して，勤めていた病院を2カ月後に退職予定という時に行った閉眼壺イメージの記録です。病院内外でいくつもの重要な役割を任され，無事にそれらの業務をなし終えた後の時期でした。安堵と寂しさの気持ちをしばらく話された後に，閉眼による壺イメージ法に導入しました。

　肩や首などを軽く動かしてからだをリラックスした後，目を閉じて深呼吸をしてもらいました。その後，腹部に手を当ててもらい腹部の温感暗示をした後，次のように教示をしました。〈イメージを始めても大丈夫ですか？……（確認後）……イメージに入るのに何か幕のようなものを開けて始めましょう。緞帳のような幕，カーテンのようなもの，ドアを開けるでもいいです。今日はどんな幕

がぴったりするでしょうか。何か浮かんだら教えてください〉……「エレベーターのような重みのあるドアが左右に開きました……」〈重みのあるドアのようなものが開いたんですね。……では，あなたの心の中のことが少しずつ入った壺か何か容れ物のようなものが向うに見えてきますよ……何か浮かんできたら教えてください〉（イメージの共通導入部分）

　……「透明の瓶……中が光っている……瓶の中で光を放っている……ガラスの厚さはよくわからない」……〈どの辺に見えていますか〉……「右の少し前（右手を斜め前に伸ばす）地面はよく見えない」……〈周りはどんな感じですか？〉……「結構暗くて……夜みたい……地下の誰もいない静かな……」……〈しばらく眺めてみましょうね〉……（沈黙）……「瓶の中が発光して，光が変化している……静かになる時もあれば，ぱーっと光る時もあって……（沈黙）……今，光の具合が弱くて見え辛い……嫌いじゃない感じ……どんな光にも対応している……どんな光も内包しているというか……瓶の形自体は，はっきりわからない……光の感じで想像するしかない……なんかいいなあって感じ」……（沈黙）……「なんか今，さっきより近い所にある別の瓶を上から覗いています……中が火山，マグマというか，爆発して炎と煙が……瓶の淵から煙が出ているのでびっくりして（筆者は慎重に表情の変化を観察している）……爆発を中に抱えている瓶……焼却炉みたいな……今話しているうちにしぼんでいった……煙が出ていたのでびっくりしたけど，出てもいい煙だけが出ている……工場の煙みたいに，もくもくって（両手で細長い瓶を形作りながら）」……〈深呼吸を三つしてみましょう〉……「はい（深呼吸をして）……（沈黙）……さっきの二つ目の瓶，煙がおさまって……細いところに煤（すす）がついて……下の丸い部分は光が残ってパチパチって……煙がちょっとおさまって」……〈見ていてどんな感じがしますか？〉……「煙が出ている時は息が通る感じ，鼻が通る感じ………全体像としては，ほっとする，ちょっと寂しい感じ……今はもう花火のクライマックスが終わって……あー終わったという感じ，見終わって安定感と寂しさと……」……「なんかもう見えなくなって……線香花火が赤くなって……最後消えて行きました……今は細いところから下の丸いところまで全部に煤がついている感じ……この煤はあんまりいい感じじゃなくて，取ってしまいたい気もするけど……きれいに磨きたい……煙突掃除のように（笑いながら）」……

〈そのまま見ていましょうか〉……（沈黙）……「あ，なんか……しばらく見ていても，好きじゃなくて取ってしまいたくなるけど……ざわつくというより，込み上げてくる感じがある……いろいろここまであったなあという感じ……瓶全体を見て，煤がついていると思うと……いいものではないけど……害はないものだなあと眺められる……近づいてみると……ぐっと来る……触ろうとすると，込み上げてきます……煤を取ってもきれいにはならないだろうな……外側から触りたい……ちょっと胸に抱き寄せたい感じがあるんですけど，してもいいですか？」〈いいですよ〉……（涙がこぼれ落ちたので，筆者はティッシュを手渡す。胸に抱くような仕草をする間も涙が流れている）……「外側を柔らかいガーゼのような布で磨きたい……（沈黙）……（手を伸ばして）はい，置きました（笑って）」……〈（緊迫した場面から一段落したので）深呼吸を三つゆっくりしましょうか〉……（深呼吸）……〈今，どんな感じですか？〉……「真っ黒な中……なんか湖畔の周りに樹が茂って……少し雨が降っていて，ひんやりして……春くらいのちょっとしっとりした感じ」……〈さっきの瓶はどこにありますか？〉……「しっとりした草むらの上」……〈そこにあって，安心な感じがしますか？〉「ちょっと心許ない」……〈どうしたら少しでも安心な感じがするでしょう？〉……「一つ目の瓶が右斜め前にある（右手を伸ばしながら）……これはそこのままでいい……煤のついた瓶は細長くて倒れそうだから，一緒に持って帰ってあげたいような」……〈持って帰りますか？〉……「この景色の中には合わない……寂しそう……一つ目は雨とお友達みたい，ここにあっていい……でも，これは寂しそう，倒れそうだし」……〈どうしましょうか。持って帰るか，そこに安心して置いておく方法を考えるか……〉……「木箱か何かに入れて，土の中に埋めるか……あんまり景色の中で目に触れないよう……温かい土の中に……下の丸い部分は土に直接でもいいけど……」「……これを持って帰りたいなあと思ったけど，置き場所に困るなと思って……ここに置いておくとしたら，土の中かな……そのほうが私も気が楽かな……瓶を横にして，口のところにコルクみたいな栓をしておいて……木箱に入れて……蓋が取れないように紐で結んで……新聞紙でくるんで……左側の樹の根本の所に埋めて……砂を被せて……ポンポンポンとして（たたく動作）……大丈夫です，うん」……（その間，ずっと首を左側に向けている）……〈何か気になることがありますか？〉……「はい，

ちょっと手を合わせます……（左側を向いたまま，拝むように手を合わせている）……はい，大丈夫です（正面を向く）……はい，いい感じの景色です」……〈では，こっちに戻ってきて大丈夫ですか？〉……「はい」……〈では気を付けて，こちらに戻って来て，ドアを閉めましょう。……深呼吸をして気持ちを整えて，もう大丈夫と思ったら目を開けてください。……急がないでいいですよ。十分に気持ちを整えてから目を開けてくださいね〉（ここで約50分経過）。

開眼して，少しからだを動かした後に，以下のような会話をしました。

〈ひと仕事しましたね〉「はい，びっくりしました。二つ目の瓶をしっかり抱きしめると，次は拭いてあげたい気持ちがして」，「煤は自分の生き様のようですね……不器用だったり，うまいやり方ができなかったり……それが煤のよう。……自分の燃えカスを見るようで，ここまでやったんだよねと。決してスマートにやって来られなかったけど，無下にできない。綺麗じゃないけど大事にしてあげたい……そういう頑張り方でやってきたなって……自分なりにがむしゃらに……」。ここで筆者は，次のような話をしました。〈煤は，それを集めて上等の墨が作られるというのを知っていますか。松を燃やした煤は松煙墨，椿や桐の油脂を燃やして出る煤は油煙墨といって。そうやって煤から本物のいい墨が作られるんですよ。煤からいい墨ができるといいですね〉

このような対話をして終えました。

【補足説明】イメージ中は体験者の呼吸や表情の変化をよく観察し，どのような体験がなされているかを推測しながら，同行しているつもりで声掛けをします。体験者の状態を見ながら，危機的な状況に陥って危ないと感じたら，今までのイメージ展開も勘案しながら，どのような介入をするか，あるいは介入を控えてもう少し踏ん張った方がいいかを考えます。緊張状況が続いて場面が硬直した場合など，セラピストが深呼吸を促すと，心理的な距離を作ることができ，一息ついて別な視点を思いついたり，新たな展開が生まれることがあります。

イメージ法の後は普段の言語面接に戻り，イメージ過程で起こったことにつ

いて，しばらくやりとりをします。イメージ中で気になったことをセラピストの方から質問したり，この例のように，セラピストが感じた連想を，将来に繋げるかたちで伝えることもあります。特に，イメージ法導入の初期段階では，介入や声掛けの仕方，スピードについてどのように感じていたか感想を聞かせてもらいます。そこで得た情報は，次のイメージ過程で活かすようにして，クライエントとセラピストの間の齟齬を縮め，誤解があればそれを修正するようにします。

(2) 吃音：壺の中の恐怖対象と向き合うイメージ
［20代女性／吃音，対人緊張／学生相談］

ある女子学生が，就職活動を始める前に吃音を治しておきたいと2年生の前期に来談しました。実際の発声では，吃音にほとんど気づかないくらいですが，本人は声を発すること自体に強い恐怖感があり，将来を考えると絶望的になると切迫した思いを抱えていました。

Ⅰ期：症状そのものに固着していた時期（#1～2，2週間）

初回は，発音しにくい音について詳しく話し，筆者が〈話しにくいという背景についても，おいおい話題していきましょう〉と言うと，「とにかく早く言葉を治したい。他の悩みは，それに比べたら何でもない」と耳を貸さない雰囲気で，関心がすべて発語そのものに集中しているようでした。#2には，発語しにくい言葉のメモを持参し，実際に本を読んでもらいながら，どのような工夫をしているかを尋ねました。また，〈ちょっと，別の方向から見てみるというのはどうかな？〉と箱庭に誘うと，短時間で林の中に山小屋のある西洋の田園風景を作りました。作成後，「こんな平和な風景の所に行きたい」「大学に入って，こんな自分を嫌だと思う度合いが強くなった」と呟き，吃音そのものというより，それを抱える自身についての語りに変化し始めました。

Ⅱ期：症状に悩む自身の内的感覚への気づきの時期（#3～5，約1カ月）

#3では，入室するなり箱庭の棚を振り返り，すぐに作り始めました。学校の前に両手を広げた白いマントのお化け，公園の池の傍でベンチに座っている

赤ん坊を置き（箱庭10），「今授業中なのに，私（赤ん坊）は公園にいて，静かな風景を眺めているところ」と説明しました（口絵参照）。高校時代は授業で発表が当たっているときは，登校するふりをして公園で過ごしていたこと，家庭では躾が厳しくよく叩かれていたこと，習い事にも厳しく，またピアノの先生も厳しい人で，手や背中をよく叩かれていたと吃音が始まった頃のつらい思い出が語られました。

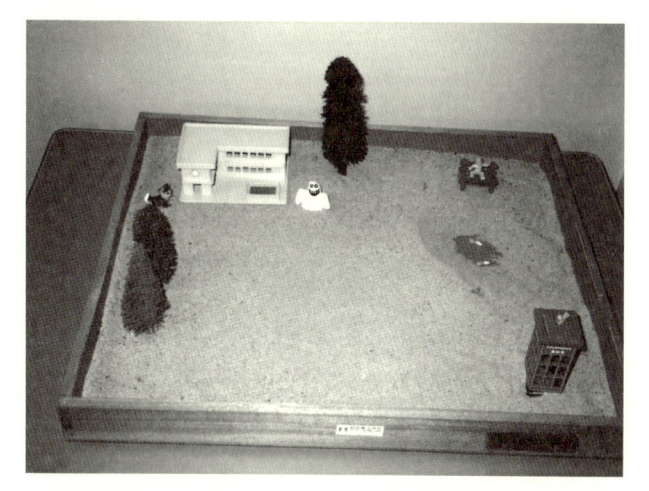

箱庭10　お化けのいる学校と独りぼっちの赤ん坊

#4～5では，「小学校時代に発表ができなかった時，周りで友人がいろいろ噂しているシーンが次々に浮かぶ。大学からの帰りのバスの中で毎日30分くらい，その世界に浸っている。それができない時は，家に帰って，その世界に浸っている」と話し，さらに，「バスの中で考えないようにしたら……なんか忘れ物をしてきたような感じがする。それは大事なんだけど，……嫌なもの……（それは）私の分身ですね」と苦笑しました。その後，〈何かに入れて，大事にしまっておくのは？〉と提案すると，「倉庫とかに何重にも鍵をかけてしまっておきたい……でも時々は会いたい……分身だから……普段は会いたくない」と自分の気持ちをイメージを用いて上手に表現したので，筆者はクライエントのイメージの豊かさを感じ，イメージ法の導入を考えました。

図 11-1　#6 の 6 つの壺

III期：苦悩イメージとの直面後，症状が改善した時期（#6〜14，夏季休暇をはさんで約6カ月）

　#6では，閉眼，深呼吸，リラックス暗示の後に，壺イメージ法の導入を行いました。「私の背くらいの壺が六つ並んでいる」(図 11-1)〈何が入っているか，ちょっと覗いてみましょうか？〉「きれいな水が一杯入っている……心が洗われるようないい気持ち(1)」……〈触ってみることできるかな？〉「はい，冷たくていい気持ち(1)」……〈では，その感じを壺に入れて，……壺には蓋をした方がいい感じですか？　しない方がいいですか？(2)〉……「しない方がいい(3)」……。(以下二つ目の壺)「砂……真っ白いきれいな砂が見える……入ってみたい」……〈壺が大きいから，入るのに何かいるかな？〉「はしごがいる」〈では，はしごを持ってきて……うまく入れたかな？〉……「はい，寝転んだら気持ちよさそう……いい気持……」……〈では，その感じを壺に入れて出しましょう……蓋はどうしましょうか？(2)〉「しない(3)」……。(三つ目)「中が暗い」〈もう少しよく見てごらん〉「中に入った……字や絵が壁に描いてある……字は昔の象形文字，絵は昔の壁画にある動物の絵……」〈今どんな気持ちでいる？〉「ちょっと，怖い……もう出ます」〈では，その感じを壺の中に置いて出しましょう……蓋はどうしましょうか？〉……「木の重い蓋……覗きたい時があるから，見られるように半分だけ蓋をしておきます(4)」……。(四つ目)「真っ暗……怖い」……(略)……「木の重い蓋……二重に綱をかけて……開かないように

図 11-2 ＃7の4つの壺

しておく⑸」……。(5つ目)「何も見えない……真っ暗で何も見えない……怖い」……(略)……「さっきのと同じ木の重い蓋……二重に綱をかけておく⑸」……。(六つ目)「暗い」……「むこうの方に白い道が見える……周りは真っ暗……滑り台みたいに下りて行っている……野原の真ん中に立っている……周りに蝶々とかしていい気持ち」……(略)……「蓋はしません」。イメージ後に開眼して,「ここだけ別世界みたい」と呟き,初めてのイメージ体験に驚いた様子でした。

　次回の＃7のイメージでは,「壺が四つ……周りが茶か赤色で……先週のより少し小さい壺が見えます」(図11-2)。(一つ目)「きれいな砂が……」〈中に入れそう?〉「はい……砂が温かい……」……〈蓋は?〉「しません」……。(二つ目)「白い布……光沢があってきれいな布……(中に入って)……気持ちいい……温かくて……寝転がっている」……「(蓋は)しなくていい」……。(三つ目)「暗い……」〈もう少し見てみましょう〉……「蜘蛛の巣みたいなのがあって……中はよく見えない」……〈入れそうですか?〉「いや」……〈では,置いておきましょう。蓋はどうしましょうか?〉……「木の重い蓋……紐で何回も括ります」……。(四つ目)「水……右回りに渦を巻いている……見ていたら吸い込まれそう」……「蓋は半分だけ……木の蓋をする」……。〈では,壺から少し離れて……今一番気になる壺はどれかな?〉……「水の壺」……〈では,もう一回近づいてみましょう……今,どうですか?〉……「水……あー流れが

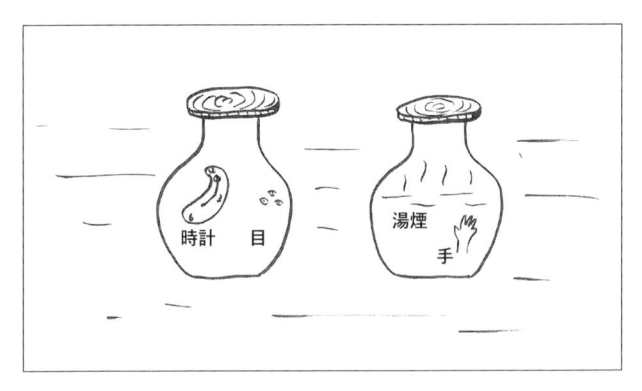

図 11-3　＃8の二つの壺

止まった……小さい魚が泳いでいる……」……〈ちょっとだけ手を入れてみることできるかな？〉……「手は気持ちいいけど，魚が近づいてきて嫌……手がだんだん冷たくなってきて……表面が凍ってきた」〈では，手を出してみましょう〉……「手にまだ冷たさが残っている」……〈ではもう一度，壺の中に手の冷たさを入れてから出しましょう〉……「はい，もういいです」……〈今，どうしたい感じですか？〉……「もう一度砂の器に入りたい」と言い，砂の心地よさをもう一度味わって終わりました。

　このような2回のイメージ体験後，＃8にはクライエントが自発的に，「今日は，嫌な壺にも入ってみようかと思います」と言いました。「目の高さくらいの壺が二つ」（図11-3）……（一つ目）「曲がった金の時計がみえる」……〈それを見ていて，どんな感じがしますか？〉……「怖い」……〈今日は嫌な壺に入ってみようかと思うと言っていたけど，どう？　入ってみることできそうですか？〉……「入りたくない」……〈では，蓋をしておきますか？〉……「はい，木のペラペラの蓋を」……。（二つ目の壺）「真っ暗……中に白い湯煙……怖い」……「同じような木の蓋をしておきます」……〈今二つの壺を覗いてみましたね。中に何が入っているかわかりましたね……どちらの方が気になりますか？〉……「時計の方」……〈では，そっちの方をもう一度みてみましょうね……どうですか？……入れそうですか？〉……「入ってみます」……〈今，どうですか？〉……「気味が悪い……体が宙に浮くような……」「……周りに

いっぱい目が見える……目が寄って来た……怖い」……〈では，その怖い感じを壺に残して，一度壺から出てみましょうか……今ここで，その目をどうしたら楽になれそうか，一緒にいろいろ考えてみましょうね……どんな方法がありそうですかね？ (6)〉……（沈黙）……「目に何かを被せる」……「目に何かをかける」……〈そう……他にどうかな？〉……「違う方を見る」……「逃げる」……〈そうだね……いろんな方法があるね……もう他には思いつかないかな？〉……「目を潰す」……「何かに入れてしまう」……〈そうだね。今，いろんな方法を思いつきましたね……では，深呼吸をして……もう一度さっきの壺に気を付けて入ってみましょうか……気を付けてね (6)〉……「入りました。……目が寄ってきた……怖くて……恥ずかしい」……〈怖くて…恥ずかしい感じがするんですね……さっきいろいろ考えましたよね。今，もう一度，ここでどうしたらいいか一緒に考えてみましょうね (6)〉……「時計の後ろに隠れました……目に布を被せました……（沈黙）……まだ出てきそうで怖い……」……〈今，どうしたら，もう少し楽になれそうかな？ (6)〉……「……何か目が潰れるような粉をかける……目がだんだん小さくなった……でも，まだ残っている……まだ恐い……」……〈今，どうしたらいいみたい？ (6)〉……「壁を剝ぎ取ってしまいたい……柔らかい壁だから粘土みたいに剝ぎ取れそう……」……〈一人で大丈夫かな？〉……「……（沈黙）……背の高い，力強い男の人と一緒ならできそう……」……〈では，その人に手伝ってもらいましょうか〉……「一緒に剝ぎ取っている……丸めて剝ぎ取りました」……「何かビンみたいなのに詰めて，ピッチリ蓋をして……どこか遠くに投げてしまいたい……男の人に……見えない所に投げてもらう……もう見えない」……〈今，どんな気持ち？〉……「ホッとしています」。……〈では，もう一つの壺がありましたね。その壺も見てみますか？〉……「はい……。水と煙が見える……お湯の中から手が出ている」……「入れそうだけど, 怖い」……〈どうしたら入れそうですか？〉……「……厚いビニールのマントみたいなのを着て……長靴を履いたら入れそう」……〈では，そうして気を付けて入ってみましょうね〉……「……入りました……怖い……槍みたいなのがマントにいっぱい刺さっている……」……〈では……深呼吸をいくつかして……どうしたら少しでも楽になれそうな感じがしますか？ (6)〉……「一本一本抜いてみます……」〈気をつけてね〉……「思っ

たより簡単に抜けました………あー手がなくなった……」……〈槍を抜いていたら,手がなくなったんだ。……今,どんな感じ？〉……「なんかスッキリしました……もう出ても大丈夫です」。イメージ後に,「安心しました。何かやりとげたというか,そんな感じがします」と穏やかな口調で話しました。

　その後の夏休みを挟んだ2カ月後の面接では,休み中に自動車免許の試験を受け,安全確認の言葉を吃らずにうまく声が出せて合格した,あんまり嬉しくて幼稚園時代から数えて15年ぶりくらいに友人に電話を掛けたと嬉しそうに話してくれました。「ここに相談に来る前は,重いタイヤを10個くらい引きずっていて,その重苦しさと一体だったけど……自動車学校に入る頃には5個くらいに減っていて,しばらくして気がついたら10円玉くらいに小さくなっていた。それは私の方から無理に追いやったというのじゃなくて,自然に向こうの方から動いていったという感じ」と語りました。

　次の#10には,「何か出てきそうなイメージがある」とのことで,フリー・イメージに導入しました。「灰色の空……銀色の海……一人でボートに乗って浮かんでいる……」〈周りには,どんな風景が見えますか？〉……「……向うに島が見えます……きれいな砂浜……ずっと向うに人が……光って……輝いていて……眩しくて誰かよく見えない……近付いても近付いても距離が変わらない……空から『近付くな！』という声がしました……でも私は近付いて行っている……それが空から吊り上げられている……」〈それを取ってみたいのかな？〉「はい……取ってみたら……ガラス玉みたいなのだった……それにつかまって私も空をずっと上がって行っています……空につきました……ガラス玉が老人に変わりました……『おまえは,もうここの人になるんだ』と言っています……」……〈今,どんな感じなのかな？〉「嬉しい……周りから人がたくさん寄ってきました……みんな羽がはえている」〈あなたにも羽があるの？〉「私だけない……」〈あなたもほしいのかしら？〉……「今はいらない……『何もしなくても,おまえにも付いてくる』と老人が言っています」……（沈黙）……「場面が変わりました……気持ちの悪い虫がいっぱい……私は木につかまっている……木のてっぺんまで行ったら,空から綱が下りてきました……また元の海……ボートに乗っている」……〈気分はどう？〉……「気持ちいい……でも,またジャングルに変わるんじゃないかと思って不安……」……「何

かに詰めたらいい……でも，ジャングルは大きいから……小さくしたら詰められそうだけど……」〈どうしたら，いいかな？〉「……砂をかけて小さくしました……（詰めた）ビンを眺めている……ビンを砂浜に埋めている……ボートに乗っている……まだ興奮している」……〈どうしたら，もう少し落ち着けそう？〉……「ジャングルを焼きたい……ビンの中で焼いて，真っ黒な小さな塊になりました……またビンに詰めて，砂浜に埋めました……ボートの上にいる……気分いい……もう大丈夫」という展開でした。

　＃13には，「"いいとき"というのが出てきた。これは，何も考えていない状態で，前電話を初めてかけることができた時のような"すごく気分がいい"のとはまた違う，何の感じもない状態」と語り，この頃には，吃音の症状と発語の恐れはほとんどなくなりました。ここまでで，約7カ月半が経過しました。

　その後の4カ月は，イメージ過程でやり遂げた苦悩イメージとの直面を，もう一度現実場面で再定着させなければならない時期でした。当初の"話すことへの不安"はほとんど消失しましたが，背景にあった対人不安のために，先生や友人の言動を被害的に受け取ることが多くなりました。しかし，実際はゼミの先生から信頼され，仕事を任されるなどの経験を経て，失敗しそうになっても人に助けてもらいながら，なんとか切り抜けるという形での成功体験が続きました。当初の主訴であった就活でのOB訪問や会社訪問の電話は難なくこなすことができ，4年生の早い時期に就職の内定を得ることができ，終結としました。

【補足説明】危機状況における「工夫」と「受け止め」の二つの態度
a. 本事例におけるイメージの役割
　吃音が長期化すると，発語を促すための工夫がさまざまに行われるため，外見からは問題を抱えていることが認識されにくくなる（Van Riper, C., 1946）と言われています。長期化した第二次吃音の段階に入ると，他人の目には安定しているように見えても，本人の内的な苦悩感は深刻度をますため，臨床的な治療が必要になる場合があります（Robinson, F.B., 1974）。

　本事例は，小学校時代から大学生になるまで，継続して発語に関する悩みを抱えていた人で，心理的な苦悩感の緩和を目的にイメージ法の導入を考えまし

た。壺イメージに導入すると，クライエントの心理状態が複数の壺に分かれて体験されました。壺の中を覗いて感じられる気分を手掛かりに（(1)），「安全感覚」を保持するには，どの程度の心的距離を置くのがいいかを尋ね，蓋の仕方の工夫を促しました（(2)）。1回目のイメージでは，砂の入った壺の中で心地よさを体験し，その蓋は開けたままでした（(3)）。暗くて怖い感じのする二つの壺には木の重い蓋をして，さらに綱で巻き上げるという厳重な距離作りを行いました（(5)）。また，不安だけど，時々は覗きたい壺は重い蓋を半分だけ閉じるという微妙な距離を設定しました（(4)）。ここでクライエントは，心地よい対象とは距離を近づけ，不安や恐怖感を喚起させる対象からは，「安全感覚」を確認しながら距離を置くことを試みました。2回目も同様の手続きで，「安全感覚」を確かにする方向で働きかけました。すると，3回目には，クライエントの方からイメージ中で不安対象と直面したいという提案がなされました。これは，1回目と2回目のイメージ・セッションで，恐怖の壺と厳重に距離をとり「危機感覚」を基に「安全感覚」を守ることを行った結果，心的なエネルギーが少しづつ蓄積され，恐怖対象に直面しようとするエネルギーが生まれてきたと考えられます。

　本事例のような神経症圏の場合，体験的な距離の調整によって「安全感覚」を基に，徐々に「安全感」が育っていくと，エネルギーが蓄積され，恐怖対象に対して接近や直面の方向でエネルギーが動き始めるということがよく起きます。この事例では，3回目のイメージ・セッションで「今日は，嫌な壺にも入ってみようかと思います」という発言がありました。そのような場合には，直面が安全になされるように援助的な介入が必要となります（(6)）。セラピストの働きかけとしては，まず直面する対象が安全なものか危険なものかを気分や身体感覚を用いて丁寧に確認してもらいます。危険な感じのする対象に対しては，「安全感覚」を保持できるだけの十分な距離を置き，不用意な接近は回避し，接近するならば慎重に無理のない範囲で，スモールステップで行うように介入します。

b．イメージ法の直面場面における介入の問題

　イメージを適用した欧米の治療報告では，直面場面で治療者が指示的，積極

的に介入した例が多く見られます。たとえば，ヨーロッパのメンタル・イメージ法をアメリカに紹介したハマー（Hammer, M., 1967）の症例では，同性愛の女性患者が淋しげな野原に，一頭の馬を思い浮かべます。彼女はその馬に愛情を注ごうとしますが成功せず，馬に乗ろうとしますが，またしても失敗をします。そこで，治療者が「砂糖を与える」ように示唆したところ，「それは誘惑だ」と言って拒絶します。しかし治療者は「馬に触り，仲良くなれる」と励まし，暗示を続け，そのセッションで最終的に，馬に乗れるようになったと報告しています。また，サイコシンセシスの流れで象徴的なイメージを活用したジェラルド（Gerard, R., 1964）の症例では，心身の緊張に悩む青年が，自分の状態を「まだ焼いていない生パン」と表現しました。そこで，治療者は成長体験をさせるために，生パンを天火に入れ，焼いているところをイメージさせるというものです。

　これらの報告で見られる介入の仕方について，大変大事な問題を含んでいますので，少し考えてみたいと思います。ここでの治療者のスタンスは，直面場面でのクライエントの行動を具体的に提示し，指示しています。また，その指示がクライエントから拒否されるなど，治療者の思惑通りに進まなかった場合でも，暗示として繰り返し励まし続けるというものです。ここで指示された行動は，愛情の交換や成長といった，あくまでも治療者の考えの中で用意されたものであり，クライエント側の思いや体験と擦り合わせて生まれてきたものではないと考えられます。筆者（1980）自身の初期のイメージ治療体験からすると，このような具体的で指示的な提示は，治療者が援助を意図して行っていたとしても，クライエント側は励ましの期待に沿うような「いい子」の報告，つまりセラピストの「意向を反映した報告」（下條, 1999）をすることが往々にしてあります。そのことを認識しておく必要があります。他者から与えられるものでは，イメージ体験そのものが苦痛になり，長い目で見た時に反治療的になるという印象があります。先のハマーやジェラルドに強い影響を与えたロイナー（Leuner, H., 1969）自身も，技法の説明に先立って，「治療者の暗示や提示は少ない方が……つまりよりアクティブでないほうが治療的である」「治療の方向と速さは，できるだけ患者に任せるのがいい」と述べています。

　イメージの直面場面で危機を切り抜けるために，治療者が直接，指示的に介

入することは，クライエントの主体的な感覚を損なうことになりかねないため，クライエントの主体感を損なわず，しかも少しでも安心して直面できるように枠組みを整えることが，治療的な介入と言えます。

c. 危機状況における「工夫」と「受け止め」の二つの態度

　実は，本事例は，筆者がイメージ法を適用した初めての事例で，25年以上前の報告になります。そのため，経験を積んだ現在の感覚からすると，今ならばこうしないだろうと感じる箇所がいくつかあります。たとえば，＃8では一気に二つの壺に入っています。一つ目で，大変深刻な直面の作業をしているので，今ならば，一つ目の壺から出た段階で，〈今日は一仕事しましたね。もう一つの壺も気になるでしょうが，それは次回に回しませんか〉と，無理をさせない提案をしていたと思います。また，＃10の最後のイメージで，空の上で老人から「おまえにも羽が付いてくる」と言われた後で，ボートの上でまた不安になる場面があります。ここで，楽にできる工夫を促していますが，この段階では，もう少し静観して，〈大丈夫ですか？ しばらく見ていましょう〉と，自力でどこまで回復できるか観察してもよかったのではないかと感じます。

　田嶌（1987）は，「危機的イメージに対して……より有効な対処法を『工夫する能力』を育成する必要がある」と述べていますが，この危機的なイメージ状況に対処する方法が二つあると考えられます。一つは，「工夫する力」を育くんで危機を克服する方法と，もう一つは，「流れをそのまま受け止める力」を育くんで危機を切り抜ける方法です。この二つの方法は，イメージの性質として，意識的に動かせる「制御可能性」と，深い内的な過程と繋がっている「自律性」があると先に説明しましたが，イメージの「制御可能性」は「工夫」する態度に，イメージの「自律性」は「流れをそのまま受け止める」態度に関係していると思います。この二つは真逆の態度と言えるかもしれませんが，人が生きるときには，その両方の力が必要で，両者をバランスよく機能させた方が対処可能性が拡がるはずです。ですから，イメージ過程においても，両方の能力が育つように，クライエントの状態を勘案しながら，介入の仕方を判断する必要があるように思います。

(3) 強迫性障害：山の峰まで果てしなく続く壺の列のイメージ
［30代女性／洗浄強迫，確認強迫／精神科クリニック］

　子どものいる主婦の方でした。赤ん坊がおもちゃを口に入れるのが心配になり，おもちゃの数を何度も数える確認強迫が始まりました。その後，手の洗浄強迫，洗濯のやり直し，大事な物が紛れ込んでいないかごみの確認等に症状が拡がり，これらの強迫行動のために睡眠時間が3〜4時間となり，生活全般に支障が出るようになり，精神科クリニックを受診しました。薬物治療を受けながら，筆者との心理面接が開始されました。面接頻度は，小さな子どもがいたので，概ね2週間から1カ月に1回の割合でした。

　＃5までは，対人不安と自分の親に対して子どものような恐怖心があると語りました。さらに，自身の状態について，「気になることが次々に出てくる……いつも何かを考えているので，頭痛や肩こりがある」，「からだは疲れたら休めるけど，頭の休め方がわからない」，「頭とからだがアンバランス」などと話し，強迫行為や思考に振り回されて，からだと頭が分離した，不安定な状態にあることが語られました。

　そこで筆者は，強迫的思考で感情や身体感覚が圧倒され，内的な体験が疎外された状態と考え，それらを少しでも感じることができるようにと，2カ月目に入ってイメージ法の導入を提案し，開眼で海のイメージなどを用いて説明を行いました。面接開始3カ月後の＃6に，フリー・イメージに導入しました。閉眼で深呼吸してリラックスした後に，〈何か浮かんできますよ。何か見えてきたら教えてください〉と教示して，しばらく待っていると次のように語り始めました。「川が走っている……トンネルの中に入った……真っ暗……私は羽がついた状態で進んでいる……」〈今，どんな感じですか？ (1)〉……「……何も感じない (2) ……トンネルが川と一緒に滝のように落ちた……私も立ったまま一緒に落ちた……」〈今，どんな感じですか？ (1)〉……「特に何も感じない (2) ……今度は石の階段を登っている……すいすいと……登ってきたはずなのに地面に坐っている……明るいところに出たけど，だんだん狭くなってきた」と，感情を伴わないまま，場面が次々に変化していきました。筆者は，速過ぎるスピードに危うさを感じながら，できるだけクライエント自身の感覚に注意が向けられるように，〈今どんな感じですか？〉という問いを

投げかけました。すると，終盤になって，「……羽がない……半分怖いような，居心地がいいような……眠りたい……からだ全部丸まったまま……お腹の赤ちゃんのような感じ……ずっと，そこにいたい……」と語り，胎児のような姿勢で眠る安心感をイメージ中で体験しているようでした。そのイメージ・セッション後に，日常生活で感じている感覚とイメージ中で体験した身体感覚の違いを体感したようで，「普段の生活の中に満足感や安心感がないみたい (3)。イメージの中で膝を抱えて眠っている時の気持ちが，小さい頃犬と一緒に安心して眠っていた時の気分と似ている感じがする。その時の犬の匂いを覚えている (4)」と感想を語りました。

そのため，1カ月後の#7からは，内的な感覚をより体験できるように壺イメージ法に導入しました。3個の壺が現れ，一つの薄暗い壺に入った時に，「暗い所や狭い所が苦手で，天井の低い車の中で妊娠中パニックを起こしたことがある (4)」と語り始めました。そして，その薄暗い壺を出て，ほっとしてベッドで心地よく寝るイメージが続きました。イメージ後に，「寝るのが好き。寝ると力も入らない。でも，昼寝をしていると母親からだらしないと言われるので，あまりできない」と言うので，〈自分のからだを守り，張り詰めた気分を和らげるためにも，できるときには昼寝もした方がいい〉と伝えました。

1カ月後の#8には，「(症状が) すこし，ましになった」と言い，いくつかの強迫症状の緩和が報告されました。#11には，「わたしはからだだけ大人になって，心が大人になっていない。……病気になって，自分の問題がわかってよかったのかな」と語りました。2カ月半後の#12の壺イメージは次のように展開しました。「山道に沿っていっぱい壺が並んでいる (図11-4)」……〈いっぱい並んでいるんですね。その中で気になる壺を選んでみて下さい (5)〉……「手前の壺」〈それに近づいても大丈夫でしょうか？〉「はい」〈では気を付けて近づいてみてください〉……〈どうですか？ どんな壺ですか？〉……「蓋がないので覗いたら，空っぽ……」……〈手を入れてみることはできそうですか？〉「はい」……〈どんな感じがしますかね？ (6)〉……「生暖かい感じ……いい感じじゃない (7)」……〈いい感じじゃないんですね。……その壺をどうしていたら安心な感じがするでしょうか？ (8)〉……「そこに置いておきたい (9)」……〈じゃそこに置いておきましょうね〉……〈他に気になる壺はないでしょうか？ ずっと

図 11-4 ＃12 覗くと真っ暗な壺を洞窟に入れた

眺めてください(5)〉……「口が小さい壺」……〈覗いても大丈夫でしょうか？(6)〉……「……真っ暗……あまり見たくない(7)」……〈どうしたらいいでしょうか？〉……「蓋をしたい……出てこないように粘土で口を塞ぐ(9)」……〈その壺をどこに置いておくと安心ですか？どうすると少しでも安心な感じがしますか？(8)〉……「……見えない所，なるべく遠くに……岩の所の洞窟の中に……扉をして打ち付けたい……(9)」という展開になりました。次の＃13には，下洗いなしで洗濯物を洗濯機に入れることができたので，嬉しかったと報告されました。

半年後の＃18の壺イメージでは，「山道に沿って，てっぺんまで壺が並んでいる……山を越えた地平線の向こうまで，終わりがない……同じ色，同じサイズの壺がずーっと並んでいる………沢山することがある時とか，したくないことをしないといけない時に手の先がモゾモゾする」…〈どうしたら，少しは楽になれそうな感じがするか，壺をどのようにしたら楽な感じがする？(10)〉……「壺を全部埋めてしまいたい……埋めて当分目につかなければ，諦めがでてくる(11)」……〈埋めることができそうですか？(10)〉……「ポツンポツンとなら，下に埋めることはできる……上がるまでに二つか三つならできそう(11)……一日のうち一つでも減ったら余裕ができる……そしたら，子どもを怒ることもあまりないと思う………壺の流れが一日の流れのようなので5分でも休める，そういう感じがする」と語られました。

図 11-5　#19　手前の壺が 2, 3 個下に落ちた

　#19 の壺イメージ（図 11-5）では，「山道に壺……いつもと同じだけど……1 カ所抜けているところがある……初めから 5 番目か 6 番目の所が見えない (12)」……〈その沢山の壺を見ていて，今どんな感じがしますか？〉……「あんまりイライラしない……あまり重くないような…… (13)」……〈そのまましばらく眺めていてください〉「……道が崩れてきている……あーっ，手前の 2〜3 個の壺が下に落ちた感じする……」……〈見ている感じは？〉……「怖くはない……テレビの画面を見ているような感じ」とイメージの見え方に変化が起きた様子でした。そのことについてイメージ後に，「今までは，（イメージの見え方が）そこにいる感じだったのに，今日はなんか遠くに見えた。一つ幕があるような。一つ一つの壺が重くない感じだった。前は壺を一つ蹴るのにすごく時間がかかっていたから，動かせそうにない感じだった」と話しました。日常生活では，普段あれこれしないといけないと思って焦っていたのが，「明日も明後日も休みなんだから」と思える時もあって，そういう時はすごく楽とのことでした。近所付き合いや子どもの学校のことなどで先取り不安も多かったのですが，実際その時になると予想以上に楽に毎日を過ごせるようになっていきました。
　しかし，#22 では，「手足がムズムズして力が抜けたような感じが，今一番辛い」と涙を浮かべ，「その感覚は，今思うと，中学校時代に急激なダイエット

をしたときからあった」と話されました。この回の壺イメージは50分に及びました。「一列だった壺が手前に寄って来ている……延々といっぱいあったのが，見える範囲に集まっている……小さいのがいっぱい」……〈気分は？〉……「舞台に上がって，周りにお客さんがいるような緊張した感じ……向うがあまり見えない」……〈近くの壺から一つ一つ覗けそう？〉……「初めの3個くらいは，はっきり形も見えたけど，あとは靄がかかって，ぽーっとしている」……「足の力が抜けたよう……ドキドキしてきた……舞台みたいだから出る所がない……逃げるとずーっと付いてくる……全部が集団で押し寄せてくるような……小さい頃，熱を出した時に感じたあの逃げられない感じ……付いてくる」……（沈黙）〈深呼吸をいくつかしてみましょう〉（深呼吸）……〈今はどうですか？〉……「ドキドキしないけど，足がモジモジ……手の先もモジモジ……怖いよりも嫌（14）」……〈どうしたら，少しでも楽になれそうかな？（15）〉……「……上から引っ張り上げたい……紐にぶら下がっている……広い，誰もいない所に下りた（深く息をする）（16）……そのまま眠りたい……小屋みたいな所で寝ている……今，楽」という展開でした。50分の時間を要しましたが，10分ほどにしか感じなかったそうです。イメージ後に，「小屋の中で楽になって，一瞬寝たような感じだった。気持ちよく寝た後のような，普段経験したことのない"無"のような，何も考えていない不思議な感覚だった（17）」と語りました。

＃23では，普段の生活で「手足のムズムズが無くなって，何となく前と違う感じがする」と言いました。この回の壺イメージでは，「壺が見えない……なんか，いつもより明るい……〈どんな所かな？〉なんか広い……何もない……道みたいなのが……大きな広い道……（大変落ち着いた表情）(18)」……〈眺めていましょうね〉……（こっくりこっくり眠りだす）……〈今，どうですか？〉……「道が真っ直ぐ出てきた……でも道しか見えない……ただ広いだけ……そこに座っていたい……寝ている感じがする……後ろは草原みたい……道の先に水が見えるかな……湖みたい……ずっと寝ている感じ (19)」と，心身ともにリラックスした様子でした。

＃24には，「小，中学校時代は赤面症だったから，恥ずかしがり屋ということは知っていたけど，からだも緊張していることは知らなかった。後頭部が固まった感じがある」と，自身の身体感覚を改めて自覚する発言がありました。

この発言には，#5で，クライエントが頭痛や肩こりについて苦しそうな表情で話していた時には感じられなかった，自分のからだの実感をおおらかに受け止めているような，安心した響きが含まれていました。この時期には，実生活でもさまざまな変化が起き，「後始末が怖くて針仕事ができなかったけど，最近人形を作り始めた」「手洗いが気にならなくなった」と語っています。

このように強迫症状が起こる時に体験される独特の身体感覚と感情を，イメージ過程で受け止め，また一方でより楽に体験できる工夫を少しずつ重ねるうちに，徐々にさまざまな強迫症状が緩和，消失していきました。家事のすべてを自分が責任をもってしなければならないという強迫的な態度も和らぎ，決着をつけられない強迫行為（ゴミを捨てられない等）については，家族の手に任せるという態度を身につけ切り抜けることができるようになりました。「いい加減ができて，だらしないところがふえた。それが心地よい」「私は，フワフワ生きたい。とろいところがあっても，その方が私らしい。少し自分が好きになってきた」と，以前は嫌っていた自分を受け入れる気持ちが表明されるようになり，終結となりました。

【補足説明】イメージ体験を通したからだとの関係性の変化
a．本事例におけるイメージの役割

本事例では，強迫症状に随伴して現れる独特の身体感覚と感情が，クライエントの不安の基になっていたのですが，それらの身体感覚に当初クライエント自身は無自覚でした。1回目のフリー・イメージでは，クライエントの頭の中の動きのように忙しく，速いスピードで場面が次々に変化しました。滝を落ちるような危険な状況で，セラピストがその時の感じを問うと（(1)），「何も感じない」という反応でした（(2)）。これは，忙しい日常の中で，クライエントが自身の感情や身体感覚を感じないまま，余裕なく過ごす姿が象徴的に現れたイメージと考えられます。そこで，気分や感じに注意を向けるような問いを繰り返して行ううちに，終盤では眠りの場面となり，リラックスした心地よさを十分に体験したようでした。そして，イメージ後に，その時の身体感覚と日常的に感じている感覚のギャップに気づいています（(3)）。

また，本事例で特徴的なことは，イメージ導入の早い時点で，イメージ中に

体験する身体感覚や気分と，幼い頃から感じていた安心の記憶や恐怖の身体感覚とに繋がりがあることに気づいていくところです（(4)）。壺イメージで，クライエントを不安にさせる独特の身体感覚と感情が生起し，それらが普段の閉所恐怖や対人恐怖，焦燥時に起こる感覚と同じであることに，クライエントはイメージ体験を通して気づいていきました。そこで筆者は，気になる壺を選んでもらい（(5)），直面したときに感じる感覚を尋ねて，クライエントが自らの感情に注意を向けるよう促し（(6)(12)），それらの感じをより楽に体験できるにはどうしたらいいかという工夫の促し（(8)(10)）を行いました。クライエントはそれに応じて自身の感覚を確かめながら，比較的安全と感じられる壺は傍らに置き，強い不安感を喚起させる壺は洞窟の中に入れて扉を閉めました（(9)）。そこで，「安全感覚」が少し体験されたと考えられます。

　続いて，ぎっしり山の頂上を超えてもまだ続く壺の列の中で，可能と感じられる範囲の2〜3個の壺を埋めることを行います（(11)）。そのイメージ体験を通して，壺の列が家事や日常で気になる事柄と関連があることに気がついていきます。クライエントを苦しめていたこだわりの象徴としての壺の数が徐々に減り（(12)），たくさんの壺を眺めても以前のような重苦しさを感じなくなっていきました（(13)）。終には，クライエントを過去から現在まで最も苦しめてきたモジモジ感とイメージ中で直面することになります（(14)）。セラピストは繰り返し，心理的に楽になれるような工夫の促し（(15)）を続け，クライエントはイメージ中でその対応を見出しました（(16)）。最終的には，壺がまったくなくなり（(18)），心身の平安な状態を体験したようでした（(19)）。クライエントはイメージ中で，現実生活では経験することのない安心して眠るという体験を繰り返し味わい，強迫症者の最も苦手とする「何も考えていない"無"の感覚」（(17)）を体験することができるようになりました。これは，強迫症者が不安を抑えるために世界をコントロールしようとしていた意識性の高進した状態から解放された状態と考えられます。

b．イメージ体験を通したからだとの関係性の変化

　本事例では，イメージ中でのからだの反応が多く出現し，それらの体験を基に主体とからだの新しい関係が築かれていったと考えられます。特にからだが

十分にリラックスする眠りの体験がクライエントにとって重要な意味を持っていたようです。「(眠りは) 力が入らないから好き」と語られたように，眠りはクライエントにとって，安心してからだと繋がることのできる数少ない実体験であったと考えられます。しかし，日常生活では強迫症状に圧迫され，時間的にも十分に眠ることができず，また母親からは「だらしない」と言われて，昼寝もできない状態にありました。これらは，自分自身を縛る強迫観念や親などの内的外的存在から，「主体感覚」（吉良，2002）を奪われた状態であったと思われます。このような時に，クライエントがイメージの中でよく眠り，心地よい安心感や満足の感覚を味わったということは，そうすることによって，安心してからだの体験をしなおし，からだの次元から主体感覚を取り戻したと考えられます。このように見てくると，イメージ体験は，からだを通した非常に確かな現実的体験であると言えるでしょう。
　成瀬は（1988）は，「自分のからだとして実感する感じ」を「自体感」と呼び，それが「心的自己」の基礎として重要であると指摘しています。また，市川（1977）は，身体性の回復には直接的な感覚の回復が契機になると指摘しています。本事例では，強迫症状と繋がる身体感覚と直面し，それとの体験的な距離を調整した後，強迫症状が全般的に緩和し，消失していきました。最後には，「とろいところがあっても，その方が私らしい……自分が好きになってきた」と自分のからだと存在の在り様をそのままで受け入れ，愛することができる状態に至っています。クライエントとからだの関係を考えてみると，幼い頃から不安と繋がる身体感覚を抱え，からだはクライエントにとって，厄介な存在であったようです。また無理な体重のコントロール（ダイエット）を試みるなど，支配し支配される関係であったと考えられます。それが，イメージ中でからだが安らぐ心地よい体験をしたことで，からだとの関係性が変わり始め，安らいだからだを自身のものとして取り入れなおし，受け入れ，さらには楽しむこともできるという新しい関係性が築かれていきました。ここで，主体とからだの関係性は，イメージ体験を通して，"拒否的な支配関係" から，"受容的な信頼関係" へと変化したと考えることができます。強迫的な観念や思考に圧倒され，からだの感覚を知覚しにくくなっている強迫症者にとって，イメージを通した身体感覚への働きかけは，自己感覚を育むために有効であったと考えられます。

（4）摂食障害：地平線の向こうまで続く絨毯を完璧に巻くイメージ
[30代女性主婦／摂食障害／精神科クリニック]

　30代の主婦が，過食を主訴として精神科クリニックを受診しました。家事は完璧にこなし，家庭の外では社会活動にも積極的に参加する意欲的で，高い能力を持った方でした。家族が寝静まった後に，独りで過食をしてしまうとのことで，薬物治療と併行して，2週に1回のペースで心理面接を行うことになりました。

　＃1には，夜の一人の時間がとても安心すること，しっかり者で頑張り屋の母親との葛藤が語られました。夜寝るときにその日にできなかったところを考えて，自分を責めると言うので，〈『明日は絶対食べないぞ』と思って寝るのではなく，『昼間食べなかったから，夜に少々食べても仕方なかったな』くらいの気持ちで寝られるといいですね〉と，自責的で強迫的な態度を緩めることを勧めました。昼間の生活があまりにも気を張って頑張っている様子なので，夜の過食の時間が，ほっと自分の肉体と感情を取り戻す時間になっているのだろうと感じました。

　＃2では，「今までは毎晩眠れずに食べていたが，過食しないで眠れる日も3分の1くらいはあった。自分の中に二人の自分がいて，前は"治療を受けてもダメという自分"ばかりだった。でも医師が必ずよくなると目を見て言ってくれたことと，先生（筆者）が，《うまくできなかったときは，こんな日もあると思うこと》と言っていたのを思い出し，"よくなるかもしれないという自分"が，ほんの少し出てきた」と話されました。また，夢を見て「いい時の母親のことを忘れていた」とも語りました。

　＃3には，四，五日過食をしていない，朝起きて冷蔵庫の前でパッパッと食べていたけど，食べる楽しみを昼にとっておこうなど気持ちを切り替えることができたと報告しました。家事については，何でもその日にやろうと思い，実行してきたが，食器の片づけを翌日に延ばしてみたら，その日にできなくても，次の日にやったら綺麗になるということがわかった，前はそういうことをしたことがなかったと話し，強迫的な動き方を緩めようと努力しているようでした。しかし，「いい日が続くと，悪い日がまた来るのではないかと不安になる」と言うので，〈悪い日を目の敵に排除しようとしないで，悪い日があってもいい，

そうしながらよくなっていくと思うように〉と伝えました。

　＃4では，過食を止めることができない最悪の2週間だったと報告しました。「明日はどうしよう」と常に目標を立てることを考えていると言い，「目標を立てなかったら，人間努力しなかったら，ダメになるでしょ。自分が怠けるのが怖い」と話し，揺り戻しが来ているようでした。

　＃5では，脳の血管が切れて死ぬような気がする，肩こりがひどく，頭に悪い毒素がたまっているような気がするなど，心気的な不安を語りましたが，血液検査で医師から，「まったく問題がない，理想的な体」と言われ，面食らったとのことでした。これに対して，〈このことは象徴的な感じがしますね。実際はいいことであっても，悪いイメージをもって捉えてしまうところが〉と伝えました。

　＃6では，「いい日が全部ではなかったけど，割とよかった。ヨガ教室に通い始め，のんびりした雰囲気で楽しかった。けど，ヨガをした後，眠たくなって寝てしまい，目覚めた時に自分を責めた」と話されました。少し前からイメージの導入を考え始めていたので，開眼で"海"のシーンのイメージ練習を行ったところ，「ゆったりと波が寄せる砂浜に座っている」というイメージが浮かびました。

　＃7では，子育てに関して管理したい思いが強いとのことで，過食以外の話題で終わり，＃8では，家で家族と一緒に食事をしたことがないという話が出ました。

　＃9は，ちゃんとしている自分には満足している，夜食べることさえなければいなーと思っているとのことでした。フリー・イメージに導入したところ，「白い毛の馬がゆったりと……子ども連れでゆっくり走っている……砂漠みたい……」……〈見ていてどんな感じですか？〉……「綺麗だけど目が寂しい……お母さんの目が特に……時々子どもを振り返ってクークーって，向うに走っていく……」（略）「……違う場面……端から向うに……絨毯？……ロボットみたいな人間が絨毯を巻いていたら，巻くのが大変になってきたの……すごく大きいし」〈どれくらい？〉「横が6〜7メートルくらいかな……」〈大きいね〉……「諦めて，そこで背中で押さえてペタンと座り込んでいる。背中でくい止めないとこっちにほどけてくる……重くて……何かいい考えないかな……」

……〈大きいから一人じゃ難しいのかな？〉……「でも誰も呼ばない……誰も来ないし……」〈何かで止めておきますか？〉……「うんうん，……三角の大きいドアストッパー……いっぱいあったらいいんだけど……」〈大丈夫？〉……「……ずっと先まで，絨毯が地平線の向こうまで続いている……いやだな……また巻くんだけど，真ん中と両側を3人くらいでしたら，空気も入らないでうまくいくのに……両端が広がるから，足で押さえて何とか巻いている……人に頼むとやりやすいのはわかっているけど，自分でやりたいの」……〈自分でやりたいんだね〉という展開でした。

＃10で，前回のイメージについて話し合い，「絨毯を一生懸命巻いているのに，それがすぐほどけるのが気になった。へんなイメージだと思った。」と語られました。筆者の方から，〈きちんとしたいと思って孤軍奮闘している感じがしましたよ〉と伝えると，「あー，そうか。やっぱり最初はきちんと巻き込んでおかないといけないとずーっと考えていた。人に手伝ってもらわずに自分でやりたいと思った」とのことでした。このことと関連して，一日のやるべき仕事のメニューメモというのを見せ，すべてが消せないと落ち込んで過食してしまうと話しました。イメージに導入すると，「……雪の壁があって……辛うじて一人通れるくらいの細い道……それを歩いている……（略）……道が分かれるようになっている……巨大迷路みたい……雪の壁……上に出ないとだめだ」……〈上に出る方法はありますか？〉……「刑務所の壁くらい高いし」……〈何か高いところに行ける方法はないかしら？〉……「あー，高い所からみたら，すぐ近くに出口があった……高い所から，そのまま呆然と見ている……」……〈気分は？〉……「嫌な気持ち……何かの手段を使って，そうやって上から見たでしょう？……答えを上から見たでしょう？……もう少しで出られたのに……」……〈今どんな所にいるの？〉「ブルドーザーみたいなのに乗って見ている……残念な気持ちで見ている……さっきの迷路の所に戻りました……簡単に出た」……〈今，どんな気持ちかな？〉「ちょっぴり面白くない。努力せずに，上から見た自分がズルいと思うし」……〈自分で努力して出たい気持ちが強いのね。でもその中にいたら，出口に出られないまま，まだ苦しんでいたかもしれないし，反対側に行っていたかもしれないね〉「あー，そうか」〈それは必ずしも悪いことだけではなかったかもしれないね〉「そうか……，そう言ってもらってさっきより少し楽になった……」という展開でした。イメージ・

セッション後に〈日常生活で,同じような感じをもつことがありますか?〉と問うと,「あー,このイメージ,私だなー,自分だなって思う……自分が大変になるようになるようにもっていく……厳しい条件になるように自分でしていくところがある」と語りました。イメージの流れと自分の特徴との関連に気づいた様子でした。

＃11では,前回のイメージについて,"自分は卑怯だ"と思ったという話から,「自分はいつもそう思う。昨日は暖かい昼間,ストーブの前でうとうとしてしまった。その後で,主人は会社で働き,子どもたちは学校で勉強しているのに,自分をすごく責めた」と。また,"他人の助けを借りるのが嫌"という話から,「今,子ども服を作っている。うまくいかないところがあって,上手な友人に聞けばすぐわかるのに,自分で解決しようとする」と話したので,〈あなたがそうやって自分で頑張ろうとするところは,すごくいいところ。そういうところが今までのあなたを伸ばしてくれたと思うので,大事にした方がいい。……でも,また別のいろいろな行動のレパートリー,正攻法だけじゃない生き方のメニューを拡げることも大事よね。たとえば怖い時は逃げるとか,たまにはごまかすとかもできたほうがいいよね〉と伝えました。「前は,過食をした翌日は朝から心が暗く,『今日は一日何も食べない』と思っていたけど,今は気持ちがそこまで落ち込まず,「昼くらいまでは止めとこうと思える」とのことでした。

＃12では,ひどい風邪をひいたこと,車の事故や足の捻挫など相次ぎ,あるはずがないと思っていたことが次々に起こり,自分を考える時間を持てたとのことでした。風邪で寝込んでいるときに家族が鋏の所在さえわからなかったので,自分が家の中の全部を管理しようとしていたことを反省したと話しました。また,食卓のセッティングなど子どもに任せるようにしてみたと言うので,〈この前のイメージのように,絨毯を一人で巻くことを辞めようとしているんですね〉と返すと,気が楽になって,夜眠れるようになったと答えました。

＃13では,「昨日,一瞬甘いものをいっぱい食べて吐こうかと思ったけど,じっと我慢した。気持ちの転換ができたのがうれしかった。夜起きて食べるのは前は毎晩だったけど,今は時々だけ」とのことでした。イメージでは,「舞台の上で踊っている……客席には人がいっぱい……スポットライトが背中に温かく感じる……緊張感があって気持ちいい……服を着替えて……幕は閉じていないけど……着替えて外に出ている……牧場にいる……心地いい風の中を子

どもと両手を繋いで歩いている」……〈子どもたちは，どんな様子？〉「嬉しそうにしている」……〈あなたは？〉「舞台を終わった後で気持ちよく，少しハイな気分で話している……（沈黙）……今，昔のバス停みたいな所で，足が疲れたので休憩している……靴を脱いで，足を上げて……（沈黙）……下の子が花を一生懸命摘んでいる……広くて全部の景色が見える……向うの空が暗い……黒い雲が来る予感がある……帰ります……（略）……今劇場についたけど，他の人が踊っている……ステージの左端でお客の反応を観察している……舞台は真っ暗だけど，お客の顔は見える」……〈お客の反応は？〉……「一生懸命舞台を食い入るように見ている人はいいけど，退屈そうにしている人が気になる……自分が踊っているときも，同じようにしている人がいたんだなと思った……何か食べている人なんかすごく失礼だと思う……踊っているときは見えなかったけど，今それが見えて，すごく残念な感じ……お客さんを引き付けるべきか……そういう人たちは絶対いるんだから……そういう人たちがいても踊りをするのがいいのか……決断できないでいる……そういう人たちは劇場に入れないようにすべきか……そういう人はいるんだから入れてすべきか……興味を引き付ける演技をすべきか……練習をもっとしたら全員を引き付けることができるのか……それなら練習するけど……練習してもそういう人がいるのか……迷いながらずっと見ている……今気がついたけど，私はその発表会に団体で参加しているみたいで……私の意見だけじゃ決められない……どういうふうにこの先やっていったらいいのか話し合いが必要みたい……私の意見は決まっていない……気持ちとしては，見たい人だけ来てほしいし……でも，経営のこと考えると，そういう訳にいかないし」……〈どうしたらいいんでしょうかね？〉「本当はすぐみんなで決めたいけど，自分の意見も決まってないし……今日は，後ろ髪を引かれながら帰ることにします……車にエンジンかけました……車で来ていたんですね……すっきりしない嫌な気持ちですけど……子どもたちが上の方で遊んでいたけど，無理やり連れて帰ろうとしている……子どもたちはまだ遊びたいって」……〈少し，車の中で待ってあげたら？〉……「そうか……待つということが初めての発想なので……」……〈心地よく待てるように，周囲を整えてみたら？〉……「音楽……コーヒー……ふーん，そうか……いい気持じゃないものを心の中に置くということができない……うまくよけるために……今，刺繍をしている……」と

いうイメージ展開でした。イメージ・セッション後の対話では，「子どもを連れて帰る時，自分を抑えるのが難しかった。叱ってでも乗せて，すぐあの場から逃げ帰りたかった。先生が一声かけてくれなかったら，そうしていた。普段もこうしようと思ったら，すぐ行動しているから。迷いから待てないところが，すごく日常に近いイメージだった」と話し，イメージ中の体験を通して，現実生活における自分の気持ちと行動パターンの特徴に多くの気づきを得たようでした。その後，子どものことで忙しくなったということで，一旦，終了となりました。過食行動がすぐに収まるということはなかったのですが，過食自体を以前のようには責めなくなり，毎日だった過食の頻度が徐々に減少するようになりました。

　子育てのことで1年半後に再来談し，食べることについては，今は噛んで吐くことを時々するだけと語りました。「前はこうあるべきというのが強かった。自分を隠したり，飾ったり，かばったりすることにエネルギーを使っていた。今はそのまま見せても大丈夫と思う。私の寂しさは私にしかわからないと思っていたけど，もしかしたら，みんな，知っていて，そのままを受け入れてくれていたのかも」と話されました。子どもへの対応について具体的なアドバイスを行い，3回目で終了となりました。

【補足説明】イメージと日常生活との繋がり

　摂食障害を抱えている人は，その生活振りを詳細に聞いてみると，からだの調子を無視したまま，あるいは，からだの感覚や気持ちを感じられないまま，生活のあらゆる領域で強迫的な頑張りや無理をしていることが多いものです。先にも書きましたが，普段の感情・認知・行動パターンが，イメージの中によく再現されます。それは，この事例のように，たとえば人の手を借りずに一人で頑張るというイメージのストーリー展開として表れることもありますし，孤軍奮闘中の焦りや孤独感などの感情体験として現れることもあります。〈普段の生活で同じように感じることはありませんか？〉と問うと，イメージ中の感覚が手掛かりとなって日常生活とイメージの共通点に気づくことができます。関連についてすぐに連想が思い浮かぶ場合もありますが，しばらくしてから，ふと結びつくこともあるようです。

　フレティーニとヴィレル (Fretigny, R. et Virel, A., 1968) は，「メンタル・イメー

ジ」の治療において,「面接で体験した経験を現実生活の行動の中に統合させること」を「成熟段階」と呼び,重視しました。「治療者が面接と面接の間に現実化,実用化,分析,意識化の操作を差しはさまないならば,……得られた効果は必ずしも持続しない」と述べています。筆者の経験では,普段の生活とイメージを結びつける働きかけを行うと,来談者自身が自発的に,自身の生活ぶりを振り返るセルフ・モニタリングの視点をもつようになるという印象があります。

(5) 母親との葛藤：現実対応に向けて怒りを調整するイメージ
[女子大学生／抑うつ,不眠,希死念慮／精神科クリニック]

　実家を離れて独り暮らしをしていた女子学生が,1年生の5月に,大学の保健師さんの勧めでクリニックを受診してきました。友人と馴染めず,抑うつ気分と不眠に悩まされ,次第に無気力になり,死にたい気持ちになるとのことでした。医師による薬物治療と並行して,カウンセリングを希望しました。
　初回面接で,「両親から,『何事にも一生懸命取り組みなさい』,『人と仲良くしなさい』,『正直に生きることは何より大事』と教えられ,それを疑わずに生きてきた」と語りました。#2には,サークルが忙し過ぎて,自分の生活のペースが守れないと退部を決心しますが,「途中で物事を投げ出すような人間は,ろくな社会人になれない」と先輩から説得され,退部希望を聞き入れられないでいました。続く#3では,毅然と退部を告げることができて,生活が楽になったと嬉しそうに報告しました。筆者は,クライエントの内部に起こる感覚や感情を,大事にして自分の生活を守ることを支持しました。また,「理想を描いて自分を責めることが多い」,「考えることが多くて,解けない謎がいっぱいある。その謎を今解いておかないと,すごく大事な問題なら大変な損失になる」などの語りから,焦燥感と強い強迫傾向を感じました。それに対して,〈問題によっては,しばらく触れずにいた方が,後でもっと楽に解けることもある。今食べれば酸っぱい葡萄も,もう少し置いておけば甘くなって食べやすくなるかもしれないし,美味しいワインになるかもしれないよ〉など,比喩を交えながら,焦って自身を追い詰めすぎないようにアドバイスを行いました。また,〈疲れなどのからだからのサインを大事にしましょう〉と,心理面と身体面での「安全感覚」に配慮するように伝えました。

「友人と話すのが，少し面白くなった」などの報告があり，#5に，「あることを思い出して，数日前から母への腹立たしい気持ちが込み上げてきている」と言います。高校時代に，理由を聞かずに一方的に叱責されたことに腹を立て，家で暴れたことがあるというエピソードを興奮気味に話しました。今まで気づかれなかった感情が体験され始めていると判断し，その強い感情が突出してクライエントの心理的なバランスを崩すことのないようにと考え，「安全感」の確保を目的に閉眼による壺イメージの導入を行いました。

閉眼でのリラックス暗示後に，〈お母さんに対する腹立たしい気持ちがいっぱいありますね……今それに向き合うにはちょっと大きすぎるみたいだから，少しの間それを壺のような容れ物に大事に入れておきましょう……どんなものが思い浮かびますか？〉と教示しました。……「60センチくらいの黄色い大きい壺……気持ちが吸い込まれるように入っていく……」……〈では，今入ったものが，また出てきてあなたを困らせないように，適当な蓋をしておきましょう……どんな蓋がいいみたい？〉……「コルクのような栓をきっちり詰めて……蝋で固めて」……〈大丈夫ですか？……では，その壺をどこに置いておくと安心な感じがしますか？〉……「小部屋が五つ並んでいる……左から2番目の部屋に置いておく」という展開になりました。イメージ後に気分の変化を尋ねてみますと，「さっき，ここに来たときより，今は楽。イメージの部屋は左に行くほど危ない感じがしました」と話すので，〈では，ここの面接室以外では左の部屋に近づかないようにしましょう〉と伝えて，その回は終わりました。

6週間後の#6では，「昨夜は，母親に対する悔しい気持ちで眠れなかった」と言い，母親と自分の関係を図11-6のように描きました。描きながら，「人に触れる時は，いつも母を通して。……私が第三者に直接触れることはなかったの。……母が私の周りに固い殻を被せていた。……殻がクリームみたいに体にへばりついて窒息しそう……。明日から実家に帰省するつもりだけど，以前したような家で暴れることを絶対にすると思う」と苦し気に語りました。クライエントの切迫した表情から，実際に今にも行動化を起こしそうな危うさを感じたので，また，夏休みを挟んでしばらく面接ができないという事情も考慮して，壺イメージ法による対応を考えました。

閉眼でのリラックス暗示後，〈お母さんを困らせたい気持ちの壺に入ってい

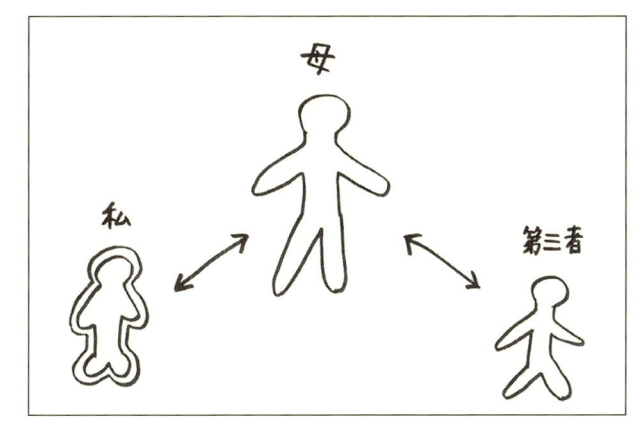

図 11-6 私と母と第 3 者の関係

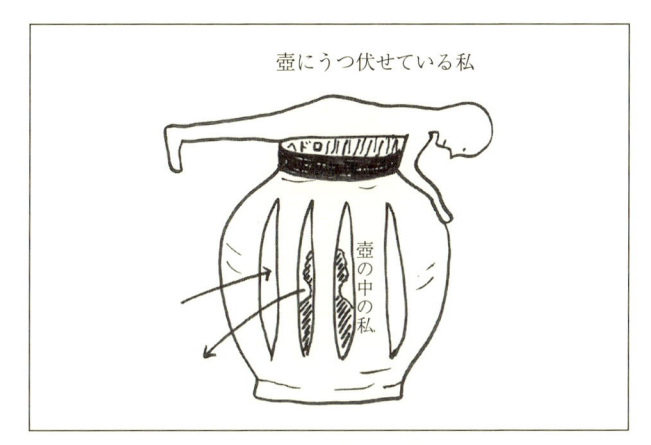

図 11-7 胸のヘドロが壺に流れ出る様子

ると思ってみてください〉……「側面に切り込みのある大きな壺……そこから外が見える……」……〈お母さんを困らせたい気持ちを少しだけ身につけて，あとはその壺に残して，出てくることできるかな？〉……「今，壺の上にうつ伏せになって……胸からヘドロみたいな液体が流れ出ている……後から後から川みたいに出てくる……」（図 11-7）……（長い沈黙）……「あー，止まった……すっきりした……でも，胸の裂け目が心配……」……〈どうしたら大丈夫

でしょうか？〉……「今，白い糸で縫い付けている……それだけじゃ心配……液体の絆創膏みたいな，肌とぴったりくっつく感じのものがいい……スポイドから液体がジュルジュル出てくる……くっついている……（沈黙）……あと少しというところで液体がなくなっちゃった……それはどうしても塞がらないみたい……」……〈絆創膏がなくなってしまったんだね……そのままじゃ，ちょっと心配ね……どのようにして，そこを守ったらいいかしらね？〉……「……中国服のようなものを着て，前をぴったり閉めたら大丈夫と思う」……「（ヘドロの入った壺を）油紙で閉める……コンクリートで詰めちゃう」……〈その壺をどこに置いていたら，安心ですか？〉と問うと，「ここ（面接室）のあの戸棚の中に置いていく」と答えました。それを受けて，筆者は実際に戸棚を開け，〈ここに大事に置いておきましょうね〉と念入りに置く動作を行いました。しかし，筆者は内心，クライエントが実家で騒動を起こしはしないかと次の面接まで落ち着かない気持ちでいました。

　それから2カ月後の夏休み明けの#7では，休み中の様子を次のように語りました。「家に帰って母に『あれこれ口出しするのは止めて』と言葉で伝えることができた。母は『悪かった』と謝り，その言葉を聞いて決着がついたと感じました」，「母親の規制が強すぎて翻弄され，母親を嫌だと思っていた。でも，本当は母がすごく好きだということに気づいて，素直に甘えようと思ったの」，「いろいろ吹っ切れたので，前より人を親密に感じます」，「夜すっきり眠れて，朝が来たら嬉しい感じ」と話しました。また，「最近よく浮かぶイメージがある」と言います。「光の中に差し伸べる慈悲深い手が見える……でもそれに簡単に近づいてはいけないと思うの……今，私に鳩くらいの羽が生えてきている……まだそれくらいの羽だから，すぐには近づけない……今だんだん羽が育ってきている」と語りました。抑うつ気分，不眠の症状も消失し，独りでやっていける自信ができたということで終結となりました。

【補足説明】クライエントを破壊しない，可能なだけの直面

　本事例のクライエントには，青年期特有の激しい行動化のために，緊急の対応が必要でした。母親との対決や自分の感情との直面は，緊急避難的に一時回避する方向で援助するのが，より現実的で安全であろうと考えました。クライ

エントの心理的なバランスを回復させる目的で，壺イメージ法を用いて「安全感覚」を確保するための援助を行いました。母親に対する怒りや困らせたい気持ちがそのままの状態では，クライエントは自分自身の攻撃性を内的に抱えることができず，母親を脅かしたり，「家庭内暴力」などの爆発的な行動化を起こしかねない状態にありました。クライエント自身の感情の激しさがクライエント自身を圧倒している状態と理解することができました。しかし，そのように圧倒され，危機的な状態にあることをクライエント自身は認識できていないので，セラピストが判断し，自由に任せるのではなく，強い介入を行いました。通常の壺イメージの手続きから少し離れて，クライエントが抱えられるだけの攻撃性を身につけて，後は壺に残して，その壺を「安全」と感じられる場所に置くように教示しました。その結果，クライエントは心理的なバランスを取り戻し，「安全感」を回復させて，母親に対して言葉で気持ちを伝えるなど，より現実的で適応的な形で自己主張として表現できたと考えられます。

　すなわち，セラピストは緊急に「直面の回避」を行わせ，クライエントの一時的な「安全感」を守りました。本事例のように青年期の激しい行動化をみせるものには，面接室を出た日常場面でもより適応的，現実的に行動をコントロールできるようにセラピストは十分に配慮する必要があります。そのために，クライエントを圧倒する感情と一時的に厳重に距離を取らせ，その結果，クライエントが抱えられる程度の感情を抱え，対処できると感じられる分だけ直面させるという緊急援助的介入を行う必要があると判断しました。

　対処困難な壺の置き場所について，クライエントは「面接室の棚の中」と応えましたが，セラピストとの関係や面接室が信頼のおける安全なものとして感じられていたのだろうと思われます。このように，クライエントとセラピストの安定した信頼関係は，イメージ技法が効果的に展開するための背景を支える重要な要因となります。さらに，この治療構造を考えると，医師による薬物治療と面接が並行して行われていたので，それによって，クライエントもセラピストも守られていたと考えられます。

(6) 対人恐怖：箱の枠を幾重にも重ね，鍵をかけて安心を確かめたイメージ
[20代男性／対人関係における全般的な恐怖感と被害感／心理相談室]

第6章で箱庭を用いたBさんの事例を紹介しましたが，その後の経過で閉眼イメージを導入しました。箱庭で「楽になる工夫」を重ねるうちに，職場での日常的な業務も支障なく過ごせる日が多くなりましたが，ある出来事をきっかけに上司から厳しい叱責を受けることになりました。その経験から恐怖心と自責感が再燃し，面接室でも怯えた表情で落ち着かない状態に陥りました。そんな時に，イメージを用いた体験的な距離作りを提案しました。

＃54で，上司から叱責された恐怖感について問うと，「嫌なものが入った箱がいっぱい積み重なっている。いい箱はあるけど，下の方にあって出せない」（図11-8）（口絵参照）と苦しそうに小さな声で呟きました。そこで，〈どのようにすれば，少しでも安心な感じがしますか？〉と尋ねると，自然に目を閉じて，しばらくの沈黙の後に「嫌なものを金庫に……鍵をかけて……」と答えました。さらに，〈では，その金庫をどこに置いていたら，安心な感じがもてるでしょうか？〉と問うと，「この部屋の中……箱庭の棚の向こう側の隅に……」と。さらに，〈鍵をした後，その鍵をどこに置いていたら安心ですか？〉と問うと，「自分の心の中に（保管する）……」と語りました。

次の＃55では，「（前回の）イメージの後，すごく楽になった」，「それまでバラバラになっていたものが，一つに収まって安心した」と安堵の表情で報告しました。

＃56では，「（今日も）苦しい感じがちゃんと納まっているか，確かめたい」と言うので，深呼吸後に閉眼をして，イメージに導入しました。〈この前の金庫が見えてきますよ……金庫がきちんと閉じているか確かめてみましょう〉と言うと，「中が2つの小箱に分かれている。嫌なものを詰めて鍵をかける」と言い，その後，「いいものをハンカチに包む。下の方に大事に置いておく」（図11-9）（口絵参照）と語り，恥ずかしそうに微かな安堵の表情を見せました。

＃60でも同じように，箱の状態を確かめました。すると，箱は四つに分かれ，「苦しい四つの小箱は，右から順に苦しさの程度が重くなっている」（図11-10）……「一番右の小箱を少しだけ開けてみたい……」……〈大丈夫ですか？……では，気をつけて，少しだけ開けてみましょうか〉と声をかけると，「……

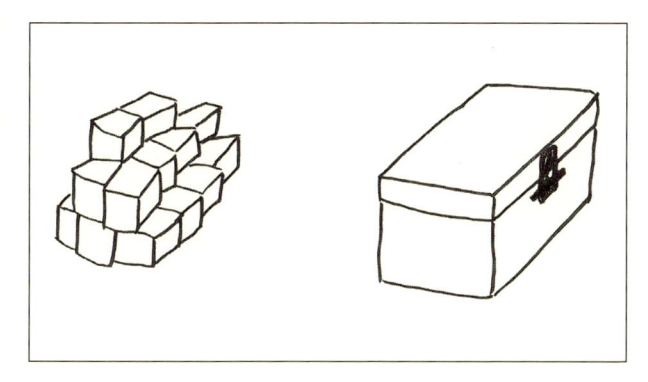

図 11-8　♯54　嫌なものが入った沢山の箱を金庫に入れて，鍵をかける

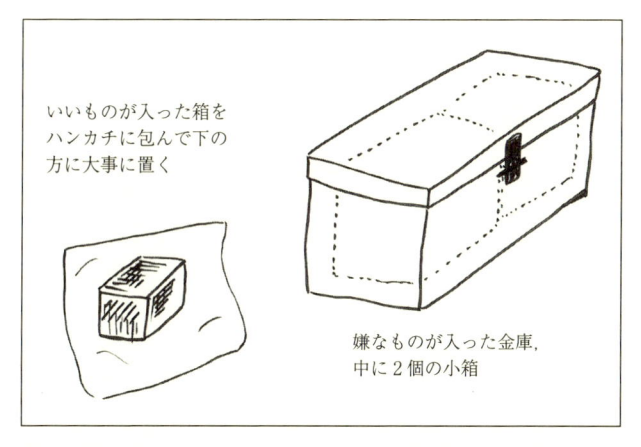

図 11-9　♯56　いいものが入った箱と金庫の中の2個の小箱

白い煙が……」と語った後は，苦しそうな表情で無言となりました。その後は，小箱を丁寧に閉じて，イメージを終えました。

　♯61では，「金庫が上下二段に分かれて，それぞれ四つの小箱（に分かれている）」（図11-10）……「下の（段の）方が苦しさが重い」……「苦しい箱は金属製で，楽な箱は木でできている」……「苦しい箱を開ける時は自分でできるけど，閉める時は先生にも手伝ってほしい」と言いました。

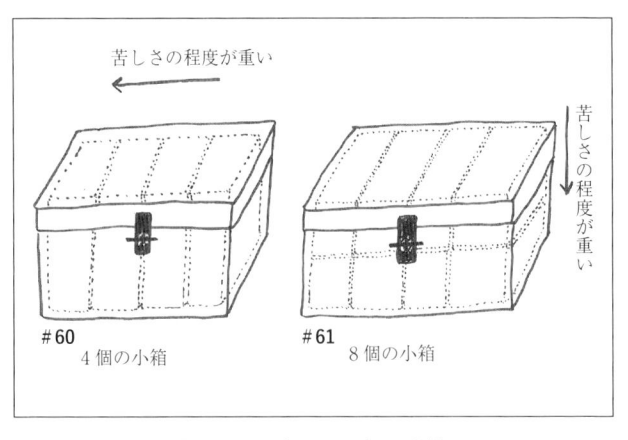

図 11-10　#60　4個の小箱
　　　　　#61　8個の小箱

　#63では，叱責された上司から元気がないと言われたことで焦りが強くなり，イメージの小箱の状態を調べてみたいと言いました。〈いつもの箱がどのようになっているか確かめてみましょう〉……「箱の鍵をあけました……」……「一番右の（小）箱から……中身がでている……」……〈どうしたらいいかな？〉……「蓋をし直したい」……〈では気をつけて，蓋をやり直しましょうか〉……（苦しそうな表情）……〈……手伝いましょうか？〉……（頷く）……〈一緒にしてみましょう……大丈夫ですか？〉……「閉じました」と言い，箱の鍵をして終わりました。

　#65では，上司から再び非難され，すごく落ち着かない気分だと言います。同様に閉眼でイメージを確認すると，苦しい方の上段の右端が「蓋がずれているので，一度開けて蓋をし直す」と言いました。その蓋を開けた時，「嫌な感じのする空気みたいなもの（を感じる）……」と表情を曇らせたので，〈どうしたら少しでも大丈夫と感じられるかな？〉と介入すると，「小箱にも鍵を一つ一つかけた方がいい」……「そして，もっと丈夫な，蓋のきっちりしまる箱に入れ替える」（図11-11）と言い，小箱用と金庫用の大小2個の鍵をして，それは自分の心の中に置いておくと語りました。（口絵参照）

　#68には，「イメージをするようになってから，気分の動揺が後々まで尾を

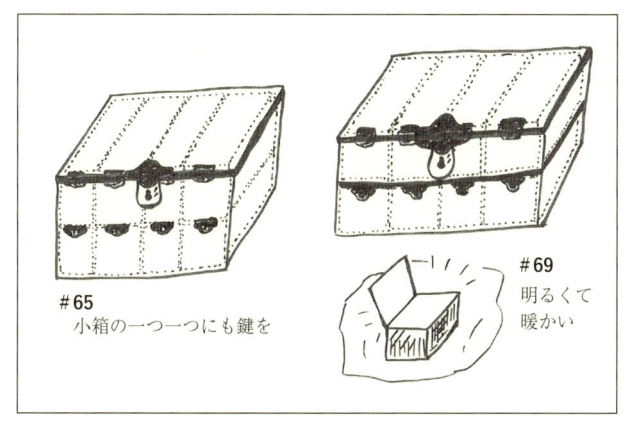

図 11-11　＃ 65　小箱の一つ一つにも鍵を
　　　　　＃ 69　楽な箱を開ける

引かない」と言い，今日もイメージをして，箱の状態を確かめたいと話しました。「苦しい箱の上段を，一つ一つ開けて閉じ直す……」〈では，気を付けて閉じ直してください……大丈夫ですか？〉……（頷く）……（手が微かに動いている）……（沈黙）……「下段の箱もどうなっているか見たい」……〈では気を付けて……〉……「箱を出す時は手伝ってほしい……」……〈では一緒に出してみましょう〉……「（一つの小箱の中を）少しだけ覗きたい……」と言い，ほんの少しの時間無言で覗いた後は，すべての小箱に鍵をかけることをしました。その後は，実に穏やかな，すっきりとした表情で微笑みを浮かべ，イメージを終えました。

　次の＃ 69 には，苦しい下段の小箱の点検後，上段との境に「仕切り板を入れる」と言い，その後，初めて楽な箱を開けました。気持ちを訊いてみると，「明るい……なんか暖かい感じがしてくる」（図 11-11）と語りました。（口絵参照）イメージ過程で，箱の鍵を確認している間は，クライエントの指先には微かな動きが見られていました。

　その後も，何か心配事がある時には，「鍵がかかっていることを確かめたい」と，何度かイメージを導入しました。

　やがて，職場での配置転換にも大きな動揺を見せることはなくなり，適応感

が高まるにつれ，自信がついてきたように見えました。人との関係について以前は，「同じ人が優しく見えたり，怖く見えたりして混乱する」と話していましたが，この頃には，「（人の）嫌なところもあるけど，親しくできる」と語り，同一対象への異なる体験にも混乱せず，安定するようになりました。仕事の都合のためとのことで徐々に面接の間隔があくようになり，「面接なしでやっていけそう」という発言を受けて，終結が話題となりました。最終回にクライエントは，「楽な気分が大きくなり」，それは，「箱庭を遊ぶ感じで作ったりしているうちにそうなってきた」と語りました。また，依然できなかったことができるようになることも増え，そのように外的な行動が変化するに伴って，新しい自分の部分に今はなじまない感覚を覚えることもあると言い，「（それには）やっぱり時間がかかると思う」と，自分自身に言い聞かせるように語り，2年半の面接を終結しました。

　【補足説明】安全枠の補強と補修を繰り返し，非直面化の作業を丁寧に行う
　筆者は，田嶌（1987）の壺イメージ法を治療場面で活用し，また増井（1981）の"心の整理と置いておくこと"や，北山（1986）の"話を置いておくこと"の方法を知る中で，筆者なりの簡便化した方法を用いるようになっていました。後に，増井の方法については，徳田（2009）が「収納イメージ法」として展開，発展させています。ちなみに，「収納イメージ法」と「壺イメージ法」の手続き上の違いは，前者では「～を～に入れて，どこかにおく」であり，「壺イメージ法」では，「～が入った～」とするところでしょうか。筆者の経験では，「入れる」とすると，完璧主義で強迫傾向の強い人は，「完全には入らない」とか「すべては入らない」ことにこだわって，そこで止まったり，苦しんだりすることがあるので，「～が入っている」と初めから指定したほうが進めやすいように感じています。
　さて，これらの方法における概念上の共通点は，クライエントを圧倒し苦しめているものはクライエントの現在の自我強度に比べて，すぐに直面するのは危険なので，とりあえず安全な形で収め，距離を置くという心的操作を利用するところにあると考えられます。つまり，従来の心理療法の主要なテーマであった"直面化"の作業をひとまず置き，むしろその逆の"非直面化"の手続きを，

安全枠を用いて丁寧に行い，クライエントの安全感を育てることを目的としていると言えます。筆者は，先の吃音の面接過程で，同様の方法を一部用いましたが，イメージでの直面化に先立って，苦悩感を緩和することに有効だったと考えています。病態水準が重いほど，この安全枠を用いた"非直面化"の作業の治療的な意義は大きいと思います。

　病態レベルが重くなるほど，クライエントを不安にさせ，圧倒する対象には不用意に近づかないこと，イメージ体験と適切な距離を保つことに目標を定める必要があります。イメージ中で不安対象と直面や対決をすることができるレベルとは，働きかけの方向が異なります。先の (5) での青年期の事例と違い，本事例では，直面や対決による解決 (ここでは, 苦しい箱の中を覗いたり, 入ったりすること) を目標にするのではなく，あくまで不安や恐怖を抱え，包み込む安全枠を整え，補修し，強固にすることなど，直面をさせないこと，それ自体が援助目標になると考えました。そのような心的な作業をイメージ中で幾度も繰り返すことで，クライエントの苦悩感は和らぎ，生活ぶりが徐々に適応的となっていきました。安全感覚が幾分育った後には，少しだけの無理のない直面 (♯60 の「一番右の小箱を少しだけ開けてみたい」) が起きています。また，♯69 では初めて「楽な箱」を開いて，安全感を心地よい感覚として体験した様子が覗われました。

3. 病態レベルによる照準の違い

(1) 病態レベルによる援助目標の違い

　さまざまな病態レベルのクライエントに対してイメージ表現法を適用する際，セラピストの援助の重点をどのように変えなければならないかという点について，考えてみたいと思います。まず，どのレベルにも共通して言えることは，不安体験を包む「安全枠」の設定をできるだけ丁寧に行った方が，クライエントの感じる「安全感覚」は確かになり，より病態レベルが重くなるほど，その「安全枠」は幾重にも施した方が，臨床的に安全であるということです。

　健康人や神経症のレベルでは，この不安を抱える「安全枠」を確かに施し，不安対象との体験的な距離を維持して「安全感覚」を育てると，結果的に不安

状況や対象への象徴的な直面が起こり，問題解決を試みようとする動きが出てきます。したがって，次の段階では，その直面や解決が安全に行われるよう配慮する必要が出てきます。つまり，セラピストの役割の重点は，"安全な直面への援助"にあると言えます。

　しかし，青年期など行動化の激しい場合は，セラピストは不安をより抱えやすくする「安全枠」の設定を慎重にする必要があります。また，不安や恐怖体験の程度が大きい場合は，不安を包む「安全枠」を幾重にも厳重に施し，枠が安全に保持されていることを繰り返し確認し，ほころびがあれば（閉じていた蓋が開いている，ズレている等）繕うという方向に重点を置く必要があります。ここでも「安全感覚」が育つにつれて僅かな直面が起こりますが，"直面への援助"に容易に重点を移さない方が安全という印象があります。したがって，セラピストの役割は，"心理的な安全枠の確認と修復への援助"と"限定的で安全な直面への援助"にあると考えます。

　さらに，病態レベルが重い場合は，不安感覚を遠ざけるために，専ら直面を上手に回避し，枠を開かずに閉じて，安全に仕舞うことだけを繰り返し行うことが重要となります。セラピストは，イメージを活用してクライエントが日々の不安を僅かでも鎮静化あるいは緩和できるように援助することが必要であり，セラピストの役割の重点は，"体験的な安全枠の設定・補強と非直面への援助"にあると言えます。

(2)「安全感覚」と「安全枠」の繋がり

　病態レベルが重くなるほど，「安全枠」と「安全感覚」の繋がりは強くなり，その治療的な意味も大きくなると考えられます。さまざまなイメージ表現法において，クライエントが「安全枠」を設定することで表現が可能になるという事例報告がいくつかあります。

　三木（1969）は，統合失調症の男性が箱庭作成において，砂箱の内枠に沿って力を込めて柵を張りめぐらせる様子を観察し，「サンド・プレイをする時，内的には秩序を保つ意味の統括力を刺激されており，その動きが結果的には柵として置かざるを得ず，柵はそういうものだろう。」と考察しています。筆者は，クライエントが内的な世界を表現する時，内的な世界が洩れ出すことへの不安

が刺激され，その結果として，箱庭の枠とその内側の柵という"安全枠を二重に置く"ことで，なんとか「安全感覚」を保持しようとしたのではないかと考えています。

　また，既述しましたが，中井（1987）は，"枠付け法"において，枠の中をさらに細分化して複数に分割すると，急性の統合失調症の場合にも，実施が可能になると述べています。枠の中を細分化すると，枠で守られる領域は単純に狭くなるため，「安全感覚」を保持しやすく，また，「危機感覚」が発生しても，その影響は限定的になると考えられます。

　さらに田嶌（1987）によると，安全弁を備えた「壺イメージ法」を考案する重要な契機となった事例において，クライエントは「洞窟の中に手前から順に奥へと，沢山の壺が並んでいる」というイメージを報告しています。「洞窟」，「壺」，「手前から順に奥に」，という三重の「心理的な安全枠」を施して，クライエントは内界を「安全感覚」を保持しつつ体験できたのではないでしょうか。これはクライエントが意識的に操作，工夫してできたのではなく，徐々に育ちつつあった「安全感覚」が作動してできたものと考えられます。

第 12 章

開眼イメージ法

1. 開眼イメージ法の提唱

(1) 閉眼イメージ法から開眼イメージ法への展開の経緯
　一般的な「イメージ法」の手続きでは，体験者は"閉眼"するように教示され，セラピストや誘導者による"リラックス暗示"などを経てイメージ過程に導入されます。臨床場面でこの手続きを踏もうとすると，現実的にはいくつかの困難な問題に遭遇します。たとえば，体験者の側に"閉眼"そのものに恐怖心があったり，普段と異なる意識状態に導かれることに抵抗感が見られる場合があります。対人緊張の強い人や虐待経験のある人などは，人前で目を閉じることを恐れて，閉眼そのものができないことがあります。また，面接状況によっては，"閉眼"と"リラックス暗示"の条件を整えるための十分な時間的，空間的な余裕がないことも多くあります。実際，"閉眼"と"リラックス暗示"のために短くても 5 分，初めての場合は練習などを丁寧に行っていると，10 分以上かかることもありますから，面接時間が十分に保障されていない環境では導入が困難です。また，学校現場などでは，他に誰もいない静かな空間がいつも保障されているとは限りません。さらに，セラピスト側が抱える問題として，特にイメージ技法の使い方に不慣れな段階では，"閉眼"と"リラックス暗示"という導入の手続きそのものに不安感を感じることがあります。イメージ法が臨床場面で拡がりにくい理由に，これらの事情も関係しているだろうと考えています。このような諸々の現実的な問題を，筆者自身が「壺イメージ法」の実施過程と習得過程において体験してきました。
　そこで，"閉眼"や"リラックス暗示"等を特に導入の条件としない，心理

面接での言語的な対話の流れから，"開眼"のままで「壺イメージ法」の手続きを取り入れる方法を工夫するようになりました。そうすると，"開眼"による「壺イメージ法」には，それ独自のさまざまな利点があることがわかってきました。

(2) 開眼イメージ法の導入を考える時
　ここでは前項の繰り返しになりますが，どのような判断に基づいて開眼イメージの導入を行うかについて，以下にまとめてみたいと思います。

① クライエントや体験者の側に"閉眼"そのものに恐怖心があったり，普段と異なる意識状態に導かれることに抵抗感が見られる場合。
② "閉眼"と"リラックス暗示"の条件を整えるための十分な時間的，空間的な余裕がない場合。
③ クライエントの不安が強く切迫した状態にあり，"閉眼"と"リラックス暗示"の教示を受け入れる精神的な余裕がないと判断される場合。
④ クライエントの言語表現に，比喩やイメージの使用が多く見られ，イメージを用いた対話を通して，理解の幅が広がり，問題解決へのヒントが得られると判断される場合。
⑤ セラピスト側に，"閉眼"と"リラックス暗示"という導入の手続きそのものに不安感を感じる場合。

(3) 閉眼イメージ法へ繋ぐ準備段階としての開眼イメージ法の活用
　筆者は臨床場面や研修会の場で，対象者に閉眼イメージ法について説明しようとする時に，その準備段階として，開眼イメージを利用することが多くあります。イメージ法を体験したことのない対象者は，期待と不安の入り交じった感情を抱いており，そのため，いきなり閉眼状態に導くよりも，開眼のまま疑似体験をしてもらい，その後に閉眼イメージに移行した方が抵抗感が少ないと考えるからです。「目を開けたままでいいですから，海を思い浮かべてください」と海のシーンの教示をします。初めは戸惑っている対象者も，浮かんだ風景の様子について聞かれると，自分の内的なイメージを確認し始めます。いろいろ

質問をされることで，イメージを探索する努力をします。また，セラピストや誘導者がそのイメージに関連させて，眺めている時に感じられる気分や身体感覚，五感の変化について尋ねると，イメージが視覚だけでなく，より全感覚的な体験と繋がることを対象者は実感できます。このように閉眼イメージの導入時に，開眼イメージ法を活用することができます。

2.「開眼壺イメージ法」の手続き

対象者がある心理的な気分や心配事に体験的に圧倒され，その対処に困難を感じていると判断された場合，開眼のままで次のような手順で進めます。基本的には，田嶌（1987）の壺イメージ法の手続きに準じています。

① 〈あなたの心の中のことが少しずつ入った壺か，箱か，なにか容れ物のようなものが，いくつかあるとしたら，どんなものが思い浮かびますか？〉あるいは，〈（カウンセリングで取り上げられている当該の悩み事があれば，その）嫌な（不安な）気分が安全に入っていると思える壺か箱か，何か容れ物があるとしたら，どんなものが思い浮かびますか？〉，〈嫌な（不安な）気分がこころの中に飛び散っているより，この壺に入っていると考えたら安心と思えるような壺か箱か，あるいは何か容れ物のようなものを想像することができますか？〉と問いかけます。

② 次に，〈それは，どのようなものでしょうか？〉と，壺（箱や容れ物）の大きさや数，材質について訊き，次に〈それは，どんな状態でありますか？〉と並び方や体験者との距離，蓋の様子，背景などについて訊いていきます。この問いによって，①の段階ではまだ漠然としていて，直感的にしか感じられていなかったイメージが，徐々に明確化されるようになります。クライエントが自分の感覚を確かめながら，イメージを辿ることができるように，丁寧に質問を行います。

③ 次に，〈その壺を眺めていたら，どんな感じがしてきますか？〉と，容れ物を眺めていて感じる気分やからだに起こる感覚などについて尋ねます。イメージが単に視覚的に現れるだけでなく，そのイメージが感情や身体感

覚とどのようにつながり，関連しているかについて，対象者の注意が向き，探索が進められるように時間をとって丁寧に質問をします。
④③の質問の時，壺を外から眺めただけで不安や不快感が感じられるような場合は，〈その壺がどのような状態であれば，今感じている不安が少しでも和らぎ，安心な感じを持つことができるでしょうか？ 自分の中の感覚や気分を確かめながら，探してみてください〉と問いかけます。対象者が自分の感覚を確かめながら，1）蓋をした方が安心かどうかなど壺の蓋の状態，2）安心できる壺の置き場所，3）その場所にどのような状態で置いておくのが安心かについて，対象者が納得できるまで一つ一つ丁寧に訊いていきます。3）の置き方の例として，たとえば，"近くに置くけれども，見えないように自分との間に衝立を立てる"，"山奥にあるお寺の境内の木の根元に埋める"などの例を伝えると想像を巡らせるのに役に立つかもしれません。
⑤壺を外から眺めただけでは，気持ちの変化が明確に感じられない場合には，〈壺に近づいて，壺の中を覗いて下さい。そのときどんな感じがしますか？〉と尋ねます。覗いた時に不安感や不快感を喚起する容れ物がある場合は，身体感覚や気持ちの変化を確かめながら，④と同様に蓋や置き場所，配置に工夫をしていきます。
⑥配置を変えることで，当初の配置の時とは気分がどのように変化したかを尋ねます。イメージの操作によって，少しでも不安の軽減や安心感が生まれていることを確認します。
⑦最後に，〈日常生活で，また不安になった時には，今思いついた安心できる置き場所をイメージしながら，『あそこに置いているから大丈夫』と思ってください〉と結びます。日常生活で，クライエント自身が不安時のセルフ・コントロールに使うように促します。

教示や問いによって自然に思い浮かんだイメージに対して，その時に感じられる気分の揺れ（「危機感覚」）を丁寧に確かめながら，少しでも安心な感じ（「安心感覚」）が生まれるようにイメージを操作，工夫してみることを促します。その結果，気分に変化が起こることを確認し，対象者がその変化を自覚し，意

識化できるようにします。そうすることで，その後のイメージ体験に対するモチベーションを高めることができます。

3.「開眼壺イメージ法」の適用事例

(1) 終末期医療に関わる看護師のセルフケアの事例

[30代女性　看護師／喪失体験による漠然とした不安／研修会]

看護職の人を対象にした研修会の終了後に，一人の参加者から次のような相談を受けました。「末期ガン患者さんの病棟で長年仕事をしています。亡くなった患者さんを見送る時は，深々と頭を下げ，そして，次の業務に忙しく移動します。初めて患者さんが亡くなられた後は，悲しくて，悲しくて時が止まったようで，頭の中が真っ白になって，何も考えられず，ボーッとしていました。その時，先輩が心配して食事に誘ってくれ，3時間くらい私が一方的に話をして，先輩から何を言われても頭に入って来ませんでした。そうするうちに，だんだん現実に戻されたという記憶があります。それから，いつの頃からか亡くなった人のことは，ポッコリと記憶から抜け落ちるようになったんです。でも，最近，『人が亡くなって見送った後も，平気で次の仕事に移れる自分って一体何なんだろう？』と思うようになって，辛くなることがよくあるんです。どうしたらいいでしょうか」と，深刻な表情で話されました。〈今お話をお聞きして，お仕事とは言え，それはやはり人として大変な体験をされてこられましたよね〉……〈その辛い思い出が何かに入っていて，それをどこか安心できる所にしまっておくということはイメージできそうですか？〉……「どこかにしまうと考えると，その人とのいい思い出までが全部葬り去られる感じがします……」……「こうして話をしていると，いろいろなことを思い出します。その人に関わったり，いろんな話をした思い出とか……」と涙を落とされました。〈そうなんですねー，……いろんな話をしたり，大事にしたい思い出もたくさんあるんですよね……〉……〈どうしておくと，いいでしょうかね。……一つ一つ大事に弔って，時には花を添えたり，お水をお供えしたりして……そうしたら，安心な感じが持てるでしょうかね？〉……「あー，そう言われると，花を添えると思うだけで何か自分の気持ちが慰められる気持ちになります……」……〈今ま

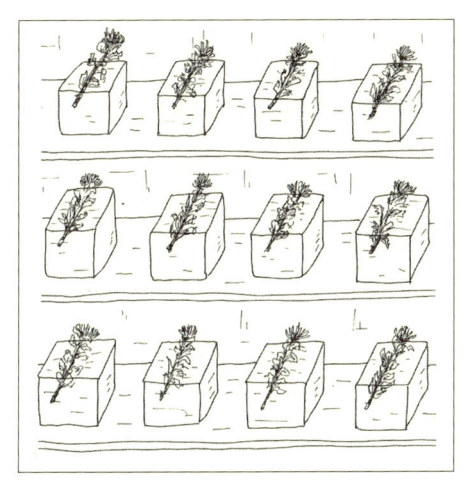

図 12-1　患者さんとの思い出の入った箱

での体験を，どんな感じにしておくと安心できそうですか？〉……「これくらい（15 センチ）の立方体の箱……たくさん……一つ一つ……その上に黄色い花を置く……菊の花のような（図 12-1）……うん，そうしたらその人と関わったいい思い出も大事にされている感じがして，なにか慰められる感じになります……」と納得したように語られ，やり取りを終えました。

　その後，半年ほどして別の機会にお会いすることがあり，様子を尋ねてみましたら，「あの方法を習った時，ちょうど自分の精神のバランスが崩れていた時だったので，すごくよかった。あの後も，ずっとイメージを使っています」，「あの後は，人間らしさを取り戻したような……人間らしくなったような気がします……」と語られました。「これからも使っていきたい」，「心に余裕ができたのか，上司の言葉かけを今までは被害的にとることが多かったけど，『そういうふうに見守ってくれているんだな』と初めて気がついた」とも話し，同僚にもこの方法を教えたら，自分でイメージを使って自己コントロールしている友人が他にもいると報告してくださいました。

【補足説明】この適用例は，治療的な枠を備えた臨床場面での例ではありませんが，開眼壺イメージを用いた対話が，不安に対して一定の緩和効果を発揮

し得るということを確信させてくれた最初期の例です。

(2) 母親から侵入される不安に圧倒されていた大学生への対応事例
［女子大学生／母親との距離がとれず，急激な不安感／学生相談室］

夕方遅い時刻に学生相談室に，女子学生が飛び込みで来談しました。面接が始まるまでの待ち時間にも涙が止まらなかったようで，目を真っ赤にしていました。面接室に移動して，家族内の複雑な関係について，その中でも母親との葛藤について号泣しながら，1時間以上にわたって思いをひとしきり話しました。現在は一人暮らしで家族とは一定の距離をとることができて安定していたが，最近母親が近くに住みたいと言ってきたとのことで，急激な恐怖感が襲ってきたということでした。時刻も遅くなり，しかしこのまま帰すわけにいかない状況の中で，緊急対応として，次のように開眼の壺イメージ法の話をしました。

〈ご家族のことについてお話をうかがいました。今は特にお母さまのことで，気持ちがすごく落ち着かない状態になっておられますよね。そのような気持ち自体をコントロールするのはすごく難しいですが，イメージを手掛かりにして感情をコントロールすることができるかもしれません。そういう方法があるので，やってみませんか？〉と提案しました。長い時間話された後で少し落ち着いたこともあり，同意を得ました。そこで，〈お母さまへの思いが入った壺とか，何か容れ物のようなものがあるとしたら，どんな物が思い浮かびますか？ どんな物なら安心な感じがもてますか？〉と尋ねますと，比較的すぐに「韓国のキムチを入れるような大きな甕」と答えました。〈大きな甕の感じなんですね。韓国のキムチの甕は大きいですよね。それが今はどこにある感じがしますか？〉……「目の前にドーンとあります」……〈今は目の前にドーンとあるんですね。では，その甕がどのようであったら，少しでも安心な感じが持てるかイメージで工夫してみましょう。その甕に蓋はあったほうがいい感じがしますか？ ない方がいい感じしますか？ こちらにいる自分がそれをみて，少しでも安心と思えるようにするには，それがどのようだといいでしょうか？〉……「キムチの甕の蓋のように，上から被せるような蓋をする」……〈上から被せるような甕の蓋ですね。そのような蓋をしたら，少しは楽な感じがするんですね。……でも，その甕が目の前の近くにあったら，後ろに他の物がいろいろあったとして

も,何も見えなくて困りますね。今よりも少しでも安心と思える置き場所を探してみましょうか〉……「自分の足元。右の足元の所に埋めておきます。全部埋めてしまうんじゃなくて,蓋の部分だけは見えるように埋める感じ」……〈しんどい気持ちが入った甕だけど,そんなに近くに置いていても大丈夫ですか?〉……「はい。母親が私にしたことは母親なりに理由があったのかもしれない。自分が子どもを持った時に,母の思いを忘れないように,普段前を向いていたら見えないけど,見たい時に足元を見れば見えるから,そこがいいです。遠くの見えない所に置くと却って,心配な感じがする」と語りました。筆者は,甕の置き場所が近くて心配になりましたが,その理由を聞いて,想像以上に複雑な思いをいろいろと抱えておられることを知り,その置き場所に納得しました。

その後,母親とのことは現実的には深刻な展開になることはなく,3回のセッションで終了しました。

【補足説明】この事例では,緊急対応ということで,初回でいきなりイメージ法を使っていますが,誤解のないようにここで伝えておきたいのは,混乱している気持ちの部分を状況と時間の許す限り,できるだけ丁寧に耳を傾けることが大事ということです。そうすることで,クライエントは自分の気持ちが大切に受け止められたと感じることができ,その結果としてイメージ法の提案を受け入れやすくなったと考えられます。もし,その経過を経ずにイメージ法を使えば,クライエントにしてみれば,誰かに聴いてほしいという気持ちが満たされないまま,小手先の方法で処理されたという不満を持つかもしれません。ですから,イメージ自体に人を導く力がありますが,まずは気持ちの部分を大事に受け止めることが重要です。一般の人はそのような方法に触れた経験がありませんから,臨床の場面で提案する場合は特に,関係性を考慮して提案の言葉を丁寧に選ぶ必要があると思います。

(3) 入学直後に過喚起発作を起こした大学生の事例
[男子大学生／過呼吸発作／学生相談室]

大学入学直後に,一人暮らしのアパートで過呼吸発作を起こし,不安のため,しばらく実家に帰っていた男子大学生の事例です。保健室で心療内科を紹介さ

れ，投薬治療を受け始めた時期に，「不安でたまらない」と，1年の5月初旬に学生相談室を来談されました。

　初回は概要を聞いたところ，「両親は，1年くらいは休んでもいいと言った。医者からは，過換気発作で死ぬことはないと言われた」と語り，自分でも大学を休学するか頑張って続けるべきか迷っているという状態でした。＃2では，「気が遠くなる感じ。頭が重い。心臓が瞬間的に止まるんじゃないかと思う。一人になると不安なので，友人の家を泊まり歩いている」とのことでした。友人たちは遠慮しなくていいと言ってくれるけど，いつまでもこの状態を続けるわけにいかないと強い焦燥感を感じているようでした。そこで，〈不安な感じが入っている壺のようなものを想像することができますか？〉と尋ねると，「壺みたいなもにぴゅーと入って行った……」〈どれくらいの大きさの壺ですか？〉「1辺が40センチくらいの箱…そこに入っていく感じ…入っていく映像が見える……もやもやしたものがシューと入っていく感じ」〈蓋をした方が安心？〉「よくわからない……ひたすら入っていく感じ……体のだるさや気分の沈んだ感じも入るといいのに」〈どうですか？……〉「不安は入っていくけど，だるいのは入っているかわからない」〈それは置いておきましょう〉〈今度は安心の入った壺があるとしたら，そのようなものを思い浮かべることができますか？〉「まず思いついたのが，ピアノ。それが昔の思い出。家族や友人，そういうものを考えるとなんか安心する。全部一緒の箱に入っている感じ。箱を覗いています。いい感じです」〈その箱は，今までどこにあったのかな？〉「今まで考えたことなかったから，なかったと思う。昔のように大きな声で笑ったり，走ったり，ふざけたり，大学に入ってそんなのがない。木の箱。ずーと見ていたいし，できれば入りたい」〈入ってみましょうか。もういいと思うだけ味わってみましょう〉〈沈黙……涙をぬぐう〉「なつかしくて，安心できますね。」と呟きました。夜を独りで過ごせるか不安だと言い，1週間に3回の面接を予約して帰りました。「最近は週末に家に帰ってピアノを弾いている」と話し，高校時代も嫌なことがあった時にはピアノで紛らわせていたということを思い出しました。

　＃5では，イメージで不安な気分をそらすことができるようになったという報告がありました。薬を飲んで，不安が箱に入っていくのをイメージしたり，安心の箱を覗いたりしていると言います。6月頃には，実家に帰らずに過ご

こともできるようになり、やがて、「不安になる暇もないくらい勉強が忙しい。もう大丈夫」とのことで、最終回は、安心の箱を抱えるイメージを開眼で行いました。「予約だけ入れておいた方が安心」と言いながらも、その後の来談はなく、終結しました。

(4) 母親からの巻き込み体験を扱った事例

［20代女子学生／気持ちのムラと不眠、頭痛、眩暈等の体調不良／学生相談室］
　「忙しい方が性分に合っているので、調子がいい時は3日くらい寝ないで課題に集中することもあった。しかし、体調を崩して入院したことがあり、その後は体調に敏感になった。気分の波があり、ここ1年くらい浮き沈みの周期が短く、また眩暈と頭痛がとれない」という主訴で、2年生の女子学生が来談しました。身体的な検査結果では、異常はないとのことでした。
　心理面接では、心身の調子と普段の生活ぶりや対人関係の在り方との関連を中心に取り上げました。自分の心身の調子にあまり気がつかないまま頑張り続けてしまうこと、休むことに罪悪感があること、対人関係では誰ともすぐに仲良くなることができ、人の好き嫌いがなく、八方美人の付き合いをしていることなどを語るようになりました。約半年ほど経過すると、友人関係の在り方や課題の取り組みについては、無理をしない振る舞いが意識してできるようになり、それとともに体調面も少しずつ改善がみられるようになりました。やがて、このような行動パターンが、幼い頃からの母親との関係と関連があること、つまり娘に期待をかける母親の思いが強く、母親と自分の意思とが分かち難い状態にあり、自分の気持ちよりも母親の思いを優先して、母親を落胆させないように行動をしてしまうと語り始めました。
　その後1年を経た頃、母親との関係が話題になりました。「母は私に力を入れるし、思ったようにならない時はすごく腹を立てていた。喜ばない母が気になっていた」、「母に過剰に心配されるのが嫌。今でもまだそれに巻き込まれる自分が嫌」と、少しずつ母親と距離が取れるようになったものの、揺れる心境を語りました。
　そのような時、母親への思いをイメージを用いた表現で取り扱えないかと考え、開眼のまま以下のように提案しました。

〈あなたのお母さんへの気持ちが入っている壺とか箱とか，なんかそのような容れ物のようなものがあるとしたら，どんなものが想像できますか？〉……「すごい大きい箱……向こうが見えないくらい……草原にあって……大きいですね」……〈あー，そういう感じであるんですね。……箱が草原の向こうにあって……今，こっちにいるあなたが，少しでも楽になれるのって，どんな感じでしょうね？〉……「箱が見えないほうがいいなーと思うんですけど，ない方がいいなーとも思う」……〈なくすのは難しいでしょう？〉……「……焼くとか。今の（母への気持ち）というより，今までの過去からのものが……」……〈今と過去のものは別のものですか？〉……「そうですね，今のは小さい。手に持てるくらい。……今までのが大きい」……〈そうか。こうして想像してみると，今と過去のものが別々というのがわかっただけでもよかったですね〉……（頷きながら）「過去のはなくていい。……焼いて，煙が上がっていく……空に上がっていく……」……（沈黙）……〈そんなイメージできますか？〉……「したい感じです。焼いていいですかね？」〈もし焼いてなくなって困ったら，その時は焼いた灰もあるしね。その時はまた一緒に考えましょうね〉……「灰も要らないです。灰が残るのもいや。この灰も土に帰して，手元にはいらない」……〈大きいのが燃えるの想像できますか？〉……（左斜め前方を見ながら）「ないことにしたい感覚が強い……灰とか煙の粒子が漂うと思うだけでイヤ。私の感じないところに消し去りたい。……そこからなくなると思うとすごくすっきりします。……灰とか煙とかが上がっていく………息が苦しい……今，小さい箱になりました……手に持っておきたくないですね……」……〈その小さな箱，どこに置いとけば安心でしょうか？〉……「ここ。この部屋の角，その机の裏の所に……」……〈あー，ではあそこに置いておきましょうね。……もし後で，置いているのが気になったら，いつでもあそこにあるので，言ってくださいね〉……〈上がっていった煙の方はどうですか？〉……「もう，気にならないです」……〈今の気持ちの入った方の小さい箱はどう？〉……「悪くない……掌に載るくらいだから……このくらい（両手で包むような仕草をしながら）……」……〈どんな箱ですか？〉……「あ，色とかわからない。かわいい感じ……小さくて。いろんな物と一緒にポケットかカバンに入れておきます。一つだとちょっと心配……。じゃらじゃらといろんなものと一緒の方がいい感じで

す」……〈他のものと一緒にじゃらじゃらとそこにあるって感じがいいんですね？〉「はい……うーん，あーすごく，いいイメージ。すっきりします」……〈私は，言葉で話していた時は一緒のものだと思って聞いていたの。今と過去のものは違うって聞いて，あーそうなんだなって思って……そして，今のももっと大きいかと想像したんだけど，違いましたね。……今のは小さくて，かわいい感じのものなんですね？〉……「そうですね。（涙）」……〈すごく不思議な感じですね。小さくてかわいいの……〉……「過去あっての今なんだなって思った」〈？〉……「今は母とそういう関係がとれるんだなって。今までは従わないと生きていけなかった。今は，そうしなくても生活はできます」……〈そんなふうに，ポケットやカバンに入れられるということは，前のようにどうしようもないというのでなく，自分でなんとかできる感じがあるのかしら？〉……「私も意外で……，自分で扱えるなーという感覚です。扱っていいという感覚。どうしようもなく大きくて，どうしたらいいかわからないというのではないです」……〈目を開けてのイメージだったけど，発見がありましたね？〉……「いつも以上にイメージがわいて，かつ，すっきりしました。……感覚も正直で，『ない方がいい』とか，すっと言えましたね」……〈私は，過去のものをなくすのは正直心配だったんです。消したいとは言え，大事な過去も含まれていることが多いですからね。……でも，ここに置いているから大丈夫ですね〉「そうですね」という展開で，このセッションは終わりました。約1年後の終結時に，その小さな箱をどうするか確認したところ，「そこにそのまま置いておく。いつか土になったらいい」と語りました。

（5）いじめのトラウマで対人交流に不安のあった事例

［男子大学生／気分の浮き沈み，対人関係での苦手意識，いじめのトラウマ／心理相談室］

気分の浮き沈みがあり，友人関係でも嫌われているのではないかと思うと，うまくしゃべれないという主訴で男子大学生が相談に来ました。気分が沈んでいる時は，昔のいじめられていた時のことを思い出し，「あーすればよかった，こーすればよかった」など考えて，ぼーっと数時間過ぎてしまうとのことでした。いじめは小，中と長年続き，家族にも言えないまま，死にたいと思うこと

もあったそうです。面接の頻度はだいたい3〜4週間に1回のペースでした。

＃2に，気分の落ち込みが，どんな状況と関係があるかを少し振り返ってもらいましたら，睡眠時間が短い時，食事をちゃんとしていない時，試験前などのプレッシャーがかかった時と話しました。そのような状況の時に，いじめられたことを思い出して他のことが手につかなくなるので，特に受験の時は忘れようと思っても記憶が蘇って困ったとのことでした。この時だけはさすがに苦しくて，母親に初めて話したそうです。思い出し方は，いじめの場面の映像を思い浮かべ，そのシーンが何種類かあるとのことでした。このように，いじめのトラウマが映像として繰り返し現れ，コントロールできない状態に陥っているため，筆者は開眼イメージ法を試みようと考えました。〈そのような時，気持ちや体はどんな感じがしていますか？〉「胸が締め付けられるような感じ。つらい感じがする」と，苦渋の表情をされたので，深呼吸をいくつかしてもらいました。続けて，〈その感じが安全に入っている箱か壺か，そのような容れ物を思い浮かべることができますか？〉……「箱……プレゼントするような」〈大きさは？〉「そんなに大きくなくて，20〜30センチくらいの箱。赤い箱で，ベースが白に赤の水玉模様のリボンがしてある」（図12-2）〈今はそれはどこにある感じがしますか？〉……「実家に」……〈実家のどこでしょう？〉……「2階の昔自分が寝ていた部屋（今は母の寝室）に」……〈それを置いておくのに一番安心できる場所はどこでしょうかね？〉……「そこが一番安全」……〈いじめのことを思い出している時は，その箱を開けて覗いていたり，箱に入っている時と考えて下さい。だから，記憶が蘇って困った時は，箱をまた閉じて，今の安全な場所に置いておくことを思い出してください〉と伝えました。そうすると，「そうなる前提で思い出して落ち込んでいる気がする。余計な落ち込みは防げるかもしれないので，ちゃんとやってみたいと思う」と言って，その回は終わりました。

＃3では，比較的気分の落ち込みは軽くなったとのことでした。前回のイメージを確認しました。〈今はあの箱はどうなっていますか？〉「今は，変わらずにそこにあると思う」〈部屋にそのまま置いていていいですか？　風呂敷に包むとか，押し入れに入れるとかはしなくていい？〉と老婆心から聞いてみますと，「暗い所に置いときたくない。光の当たるような所に置きたい。風呂敷に包んだ方

図 12-2 ＃2　いじめの記憶が入っている赤い箱
　　　　　＃3　赤い箱を風呂敷に包んで日の当たる部屋の隅に置く

図 12-3 ＃4　自分の弱いところが入っている箱を窓辺の隅に置く

が思い出しにくいかもしれない」と言います。〈どんな風呂敷を思いつきますか？〉「緑の唐草模様の風呂敷。日の当たる明るい所に置いておく。風呂敷に包んだ方が開いたりしにくいと思う」(図12-2)。〈前回からの間で，今のイメージを自分で使ってみたりしたことありますか？〉「使ってみた。極端な落ち込みはなかった。落ち込んだ時に箱を思い出して，わりとすぐに気分は戻った」とのことでした。友人関係の取り方に話題を移してみると，「自分のことをどこまで出していいのか迷う。今まで自分を出していじられたり，そういうのでいじめられていたので，しゃべらなくなった。しゃべらないから理解されない，その悪循環でグルグル回っている」と話しました。

　＃4では，友人関係について，親しい友人には昔のいじめのことは話したことはなく，話すと"いじめられる人"とか"変な人"と思われるのが心配で，自分の悪い所や弱い所は人に言わないでつきあってきたとのことでした。ここで再度イメージの確認をしました。〈実家に置いてある箱は，今はどうなっていますか？〉「置きっ放なしなので，ほこりを被っている感じ。今は暗い所にある感じ」〈どこに置いておくのが，安心な感じがしますか？〉「日の当たる，部屋の隅。太陽の日が当たる，家具の陰にならない所。暗い所に置くと，怖さがある。どんより嫌な感じがする。適度な明るい感じに置くのがいいかな」ということで，置き場所を明るい場所に再設定しました。さらに，〈自分の弱い所や悪いところが入っている箱か壺を想像できますか？〉と尋ねてみましたら，

「大きめの箱」,「1辺が60～70センチ,高さが1.5メートルくらい」,「色は赤」,「材質は段ボールに近いような紙」,「上に30センチくらいの長さで,蓋があって」と語り始めましたので,絵を描いてもらうことにしました。〈それは,今どこにある感じがしますか？〉「さっきの部屋と同じ,わりと隅の方。奥だけど,窓があって,レースとかで仕切られている所」(図12-3)〈動かすと軽い？ 重い？〉「結構重い感じ」,〈触ってみるのを想像できますか？〉「重いなあという感じ。いろいろ入っていて,それで重くなっている感じ。赤で塗られているから,触ったらツルツルの感じ」……〈両手で抱くとどんな感じがしますか？〉……「ずっしり重そうな感じ。ゴチャゴチャ入っていて,不安感みたいなのを感じる」……〈以前からある,初めの小さい方の箱も触ってみることできますか？〉「嫌な感じはするけど,触れないことはない。材質は同じ感じ。嫌な感じは,こっちの小さい方が強い」……〈では,今の二つの箱は,その部屋に大事に置いておくことにしましょう〉というやり取りをしました。そのやり取りの後,「人に自分のことを話すことについて,ネガティブなイメージがあるけど,実際話してみたらどうなのかわからない」と言い,帰り際には「モヤモヤしているのがすっきりするので,イメージを続けていきたい」と話しました。

＃5では,将来の進路のことが話題になりました。いじめについては,「今までは,小学校以来のいじめのことを記憶から掻き消そうとしていた。高校時代はその記憶がプレッシャーになっていて苦しかった。今は前よりも,そのことを話すようになって,客観的に考えるようになった。思い出しても,自分のせいだけでなく,周りの環境の影響もあったかなと客観的な体験として思い出せる」とのことでした。さらに,対人関係については,「前は,交流がうまい人にならないといけないというのがあって,そうなれない自分がいけないと思っていた。けど,今のスタイルでいいかなと思えるようになった」と言い,対人関係の不安はあることはあるけど,前よりはよくなったとのことでした。

＃6では,友人から相談されても,一般論として答えて,自分の意見を言うことに抵抗があるということ,母親が忙しくしていたので,心配をかけないように学校で辛いことがあっても,家では暗い話をしないようにしてきたことなどが語られました。

3カ月後の＃7では,アルバイトで忙しかったこと,アルバイト先で自分の

ことを少し周りの人に話してみたら，よく聞いてくれる人がいて，前よりも不安が軽くなったとの報告がありました。また，イメージの確認をしたところ，「今は（箱を）明るい所に出している感じ。過去の嫌なことだったけど，今は暗いものでなくなっている」と話してくれました。また，「今までは恐怖心の方が強かった。自分がいじめられたということを自分の問題と思っていたけど，話してみて，自分を否定することはないなと思った」と話しました。
　#8では，「いじめの体験を人に話したら，却って感動したと言ってもらえた経験があった」，「いじめていた相手に嫌だったということを実際に会って伝えたら，『謝る』と言われて，トラウマ的なところは減ったと思う」，「今では，自分で何も行動していなかったのがよくなかったかなと感じて，今後の教訓になる。でも，あの状況でよく学校に行っていたと思う。不登校という選択肢もあったのに。見返してやろうと頑張ってきた。やったらできたので，やればできると思えた」と話されました。そして，「自分の中でいじめのことを長く抱えていたけど，一区切りつけたと思う。人にはもっと積極的に話していった方がいいのかな，人に話すことに恐怖心はあまりなくなった」ということで，終結を話題にしました。イメージをもう一度確認したところ，「箱は明るい所に置いている。隅に置くことでもないかなと思う。もっと早く言えば良かった。何もしないと何も変わらない」と，心の中で確かめるように語りました。
　最終回では，いじめの体験について，「基本的に自分は努力したり，頑張ったりしてきた。小・中のことはずっと消したい過去だったけど，それは昔の自分に失礼だなと思った」，「人にいじめの体験を話して，それはネガティブなものではないと思えた。小・中の時は，一人で頑張っていたけど，一人だけではできないことも多い。いろんな人に頼ったり，相談すると解決に繋がることもある」と，人と関わっていくことへの大切さを語り，終結となりました。

【補足説明】恐怖心をイメージで安心な場所に置いて，現実に向かうエネルギーを養う
　この事例では，問題にまつわる不安や恐怖心などの感情の部分をイメージを使って安全に抱えることを行い，その結果として，今まで恐怖心によって阻止されていた現実的な行動が可能になったと考えられます。人に相談することや

話してみるという，問題解決に繋がりそうな現実行動を，恐怖心や不安な気持ちを安全と思える場所に置くことで，安心感が生まれ，実行が可能になったというわけです。実際に人に話してみると，理解されたり，感動したと言ってもらえるなど，肯定的な経験をすることができ，それまで抱いていた他者への不信感や被害的に偏った認識に変化が起きたと考えられます。

(6) 摂食障害の自己イメージの変化
［40歳代女性／摂食障害，下剤常用／精神科クリニック］

20代から拒食と過食を繰り返し，入院経験もある方でした。夫と子ども二人の四人暮らしで，長年の拒食のために骨粗鬆症となり，体重は20キロ台後半を推移していました。そのような状態にありながらも，「仕事は生き甲斐だから」と辞めずに続け，仕事や家事に対しては完璧主義が強いため，イライラ感や挫折感に襲われることが頻繁にありました。

40代になって，精神科クリニックで投薬治療を受けながら，筆者との心理面接を月に1～2回のペースで開始しました。#1では，幼い頃から両親の仲が悪かったことなど家族歴と病歴が話され，#2では，「夫婦でぶつかったときは，ちゃんと話し合って白黒をつけたいけど，夫は自然消滅型で，それが嫌だ。夫に自然に甘えられない。自分を作り上げていかないといけない感じ」と夫婦関係での不満が多く語られました。

#3で，「食べることを抑える癖がついているが，最近抑えがきかない。夜みんなが寝静まると自由に食べられる。人がいると食べられなくなる。食べるということに動物的なものを感じて，そういうのが嫌なのかもしれない」と話しました。そこで，普段の意識よりも深い部分からメッセージを感じてみる方法と説明して，イメージ法を紹介しました。しかし，目を閉じることは得意ではないということで，開眼のまま壺イメージ法の教示を伝えました。以下に，開眼イメージを交えながらの対話の様子を記してみます。

〈心の中のことが少しずつ入った何か容れ物のようなもの，壺か箱か，何かピッタリくるものがないか，あれこれ思い浮かべてみてください〉（開眼のまま，頷きながら）「花瓶のような銅の……緑色で……五つ…（そこで絵を描いてもらう。図12-4）（口絵参照）……〈では，その中にどんなものが入っているか，

図 12-4 ＃3 空の乾いた5つの壺，私と見守る女の人

左から覗いてみてください〉……「一つ目は，見えない……空っぽ。何も入っていないから，壺の底と壁が見える。二つ目も空っぽ。……三つ目も……四つ目も……五つ目も。どれも空っぽです。……右端に美術館にいるような椅子に座った女の人が，見守っています」……〈ここも，美術館の中ですか？〉……「ここは，画廊みたい」〈あなたはどこにいますか？〉……「左側に立っています」……〈壺に何も入っていなかったけど，どんな感じがしましたか？〉……「虚しい感じ。……今，とても虚しい。……いろいろ人に取り繕ってしまう自分が虚しいです。……素直な自分じゃないから」と語り，人を気にして気持ちを素直に出せない自身の状態を，壺イメージの状態と重ねて感じられたようでした。続けて，「病気になって失ったものは大きいと思う。一緒に食べることで繋がっている人間関係って多いでしょう。前はもっと明るかったのに」と言いました。〈今見た五つの壺に，蓋をしたいと思いますか？ しないほうがいい感じですかね？〉と問うと，「しない」と即答しました。〈虚しいという気持ちで苦しくはありませんか？ そのままだと？〉と確認しましたら，「でも，したくない」ときっぱり答えました。そこで，〈さっき話された明るかった時の壺があるとしたら，どんなイメージが浮かびますか？〉と尋ね，絵に描いてもらいました。「こんなに大きい壺……花がいっぱい……多分，水もいっぱい入っているでしょう」（図 12-5）……〈それは，今どこにある感じですか？〉……

図 12-5 ＃3 別室の花の入った大きな壺

「別の一部屋……この壺のある画廊の隣の美術館に……隣のこの大きい壺までは，遠い道のりみたい」と話した後に，「何も入っていない壺から離れたくない」と呟きながら，やがて家族の話に移りました。「家族ってなんだろうかと思う。自分にとっては負担なだけ。子どもが生まれた後，夫の愛情が子どもに分散されたのが不満だった。常に愛情表現してほしい。安心感がほしい」と語った後に，「五つのうちのどの壺かはわからないけど，水を入れたい」と言うので，〈そうですね，潤いがほしいですね〉と応じると，「それには，どうしたらいいんでしょう。素直になるってことかな……食べたい時に自由に食べる……食べたいのに食べないのは素直じゃないと思う」……〈このままでは，水が入っていないから花は入れられないですね……もう少し水を入れて，潤いがあるといいですね……〉「そうですね。わかります。……今日はよかった。……まだ花が咲くというところまでは，イメージできないけど，水を入れたいとか，水を水差しで入れるというのは思い浮かびます」と言い，イメージのやり取りを通して，微かな心の動きを感じたようでした。

　＃4では，10代後半から便秘薬を常用し続けており，「出さないと気持ちが悪い」，「今は，子どもが食べる半分くらいの量を少しまとめて食べられるようになった」とのことでした。また，「この前のイメージの壺が一日何回も出てくるんです。気持ちはすごく迷いの中にいるのに，壺の中に水が入っている

図 12-6　#4　少しだけ水の入った壺を覗き込んでいるところ

……少しだけど。この前の五つあった壺が一つになって……それを一生懸命，自分が覗いているんですよ」（図12-6）（口絵参照）とおかしそうに笑って報告しました。続いて，夫婦関係の話題になり，「一緒にいると疲れるから，もう離婚してしまいたいというのと，いいところもあるなあという気持ちと両方ある。……一体，私はどっちなんでしょう？」と言われたので，〈両方ともあるんでしょうね。どちらか一方にかたをつけるのは難しいでしょう？〉と返すと，「こんなふうにかたをつけたいと思うのと，便秘薬を飲んですっきり出さないと気持ちが悪いというのと関係があるかもしれませんね」と語りました。

　#5では，「食べ始めたら，拒食の時に維持しているバランスが崩れてしまうんです。そうなって，家族に当たるのが嫌。今一歩，踏み出せば食べられるところまで来ている。だけど，バランスが崩れる苦しさが来るのがわかっているから，食べるのが怖い」と話しました。また，「昨日イメージを思い浮かべてみたら，一生懸命，口の小さな水差しで水を入れているのが浮かんだんですよ……どれくらい入ったかは見えないけど，水を入れています……銅の壺で，口の小さい銅の水差しで。」（図12-7）（口絵参照）と，壺のイメージが変化していることを報告してくれました。

　#7では，「両親の不和のため，常に今の状態に満足できない気持ちが人より強い。自分には愛されたい気持ち，包み込まれたい気持ちがあり，そういう

図 12-7 #5 壺に小さい水差しで水を入れているところ

ものがあったら，自然な状態になれると思う。そういうのがないから食べ物に執着するのでしょう」と語りました。〈例の覗いている壺は，今はどうですか？〉と尋ねると，開眼のまま以下のようなやり取りが展開しました。

「ずっと水を入れている……いくら入れても水が増えない……底が抜けている感じ……どうしてなんでしょうね……場所は，あの画廊……周りには絵がいっぱいかかっている……真ん中に机があって，壺がその上にある……水差しで水を入れているところ……自分の持っているジョウロには，まだ水が入っているのに壺の水は増えない……女の人が私の様子をずっと見ている」（図 12-8）……〈どんな感じで？〉「見守るような……『もっと水をたくさん汲んできたら』って女の人が言っている……じゃそうしようかな……歩いて水道の蛇口に行ったけど……なんかいっぱいにしたい気持ちがあるけど，いっぱいにしたら何もかも終わりそうな……それがすごく嫌……いっぱいになったら，注いでいる場所（画廊）から去らなくちゃいけないから……これ以上は増やせない……ここにいるために……することがなくなるから……いっぱいになったら，そこにいる存在理由がなくなる……何かをしていないと気がすまない……いっぱいにしたくない……注ぎたいけど，水を増やしたくない……そばにいる女の人には，そこにいてほしい……子どもが手伝ってくれるなら満杯になってもいいな……一人で注いでいるときは満杯になるのが嫌だったけど……子どもと一緒な

図 12-8 ♯7 画廊の机の上に壺 ジョウロで水を注いでいるけど，水が増えない

ら続けられる……」とイメージについて語った後,「最近,子どもに家事を手伝ってもらっている」と，家事や子どもに対する態度の変化が語られました。

　半年後の♯9～10では,「いろいろなことにあまりこだわらなくなっている。たとえば，仕事については，今の仕事で生き甲斐を見つけるために必死で自分を輝かせたいと考えていたけど，別の仕事でもやっていけると考えるようになったし，夫婦のことだと，前は何が何でも別れたかったけど，今はどうなるかわからないと思っていられる。病気のことについても，前は親のせい，家庭環境のせいと思っていたけど，結局，自分のことじゃないかと思うようになった」と，突き詰めることをしなくなったと語りました。「食べる量は，普通の大人の3分の1くらいだけど，三食食べるようになった。体重が少し増えた。夕食を食べる速度が遅くなった」とのことでした。

　その後半年間の中断があり，♯11では,「下剤をやめられないのがネックになっている。たくさん食べてすごく満足感があるけど，1時間後には下剤を飲んでしまう。だけど，食べていなかった時より体につくから，自転車で買い物に行くくらいの体力がついてきた」と，以前より食べることができるようになったこと，食べることに満足感を感じていることが報告されました。その一方で,「太りたいけど，普通のおばさんになるような気がする。普通のおばさんになるのが

図 12-9 ＃16 水を注ぎ続けている　水は口の上まで来ている

怖い」と揺れる心境も吐露しました。2週後の＃12では，「夜のおやつも，前は1種類だけで，量も何本と決めていたけど，今はいろんなものを食べられるので満足感がある。欲求が満たされているので，食べ物に対する執着心が薄れている感じ。人と一緒に弁当を食べるのも平気」という変化についても話しました。また，「子どもが反抗期で，前のような関係をもてなくなった。その代り夫との関係が変わった。夫が夜遅く帰ってきても，主人相手に一人でしゃべっている。しゃべることで発散している。前は，罪悪感を感じて，夫の前でお菓子を食べられなかった。今は，食べられるし，そんな自分を見せることは恥ずかしいことじゃないと思う」と，夫婦関係の変わりようについても語られました。

3カ月後の＃16では，「食べる量は増えているけど，下剤を減らすことがなかなかできない」，「夫とは喧嘩をしても切り替えができるようになった」とのことで，夫のことを話題にするときの表情が以前とはまったく異なり，穏やかな落ち着いた雰囲気で話すようになりました。「お腹がぽっこりと出てきた。前はそれが苦痛だったけど，今はお腹のぽこんが可愛いと思う」と，お腹を撫でながら語りました。自身の体に現れた変化を，温かい目で受け入れている様子に，筆者は嬉しい感動を覚えました。そこで，〈以前の壺は，今はどうなっているようですか？〉と尋ねると，「壺に自分が水を注いでいるのは同じ。水の量は，壺の口の上まで来ている。もう少しで溢れそう，噴水のように，ダー

ダーと。止めどなくずーっと注ぎたい感じ」(図12-9)と語りました。

5カ月後の#19では,体重が3キロ増えて嬉しいとの報告がありました。

再び,約半年空いた#20では,「過食気味の時があって,朝からラーメンを食べたりすることがあった。その時,おいしいものを食べるのがとても心地よかった。それから過食も落ち着いて,三食普通に食べられるようになった。今は,自然に逆らわずに,からだが減ったという欲求を出すと,食べずにおれなくなり,食べるとからだも気持ちも落ち着く」とのことでした。体重は30キロ台半ばになり,「以前20キロ台で仕事をしていたのが無理なことをしていたんだと今はわかる」と言いました。また,夫や子どもに対する,世話を焼いてしまう過干渉の傾向について,「家庭に対する要求が高い。高望みしても無理だと思いました。家族の方ばかり見ていたら気になるので,体を動かすことをしたいと思って,野菜作りを始めることにしました。土をいじっていると気持ちが落ち着きます」と話し,新しい生活の在り方を探り始めているようでした。

その後,筆者が転出のため,面接を終結せざるを得ないことになりました。面接を初めて約3年が経過した最終回に,壺のことをもう一度確かめてみようと思いました。「自分の壺は中から水が溢れ出て,流れている感じ……床の上まで流れてきている。今,行き場を探している感じです」と言いました。体重は40キロまで増え,下剤も以前よりは量を減らすところまでは行きましたが,完全に絶つことは困難でした。しかし,食べることを楽しめるようになり,仕事に対する強迫傾向も緩み,家族への過干渉も方向転換したり諦めをつけることができるようになっていました。面接を始めた頃は,頭だけで生きているようなカリカリとした乾いた印象が外面にも内面にもありましたが,この頃は,壺の変化にも見られるように,肌にも潤いが現れ,体つきがしっかりとして,からだ全体で生活をしながら生きているという印象に変わっていました。「"白か黒かには決められない",それが人生ということは分かるようになった」と柔らかな表情で語ったのが印象に残っています。

【補足説明】摂食障害を抱える人は,努力を惜しまない完全志向と特有の強迫傾向があるため,その結果として,社会的な仕事や活動は一定のレベルで保たれているということがよくあります。一方で,情緒や身体感覚の乏しさを抱

えており，自身のからだとの関係性は，前章閉眼イメージの（3）強迫性障害の項で述べたような"拒否的な支配関係"にあるため，思い通りにできない不全感や焦燥感を常に感じているようです。摂食障害の心理面接では，食べることや過去の家族関係について話題を焦点化させると進展が難しくなります。むしろ，生活のさまざまな場面での完璧主義や強迫傾向を緩める工夫を勧めた方が，症状の改善に繋がっていくように思います。その際に，からだに感じられる疲れの感覚をポジティブな意味のあるものとして活かすようにします。

4．"気になる壺"開眼イメージ法

　以下は，研修会や授業等で使えるようにした「気になる壺」開眼イメージの手続き表です。臨床場面ではないので，対象者の気になっていること，困っていることから入ります。研修会等で知らない人同士がペアになって実習をしてもらうこともあります。その場合，対象者が抱えている問題を取り上げてもらいますが，その問題が何であるかについて内容を話す必要はありませんし，そのことについて訊く必要もありません。ですから，知らない人とのペアでも，問題に触れる抵抗感が比較的少ないのではないかと考えています。悩みの内容の解決ではなく，その悩みを抱えて感じる不安などの感情体験を，イメージ操作を通して緩和させることを目的としています。

（1）手続き
表 12-1　"気になる壺"開眼イメージ法（福留，2004）

①気になることを取り上げる　最近あなたが気になっていること（困っていること）をひとつ取り上げてみましょう。
②それに伴う気分や身体感覚の確認　次に，そのことを思うと湧いてくるいろいろな感情や気分，からだの感覚がどんなものか丁寧に確かめてみましょう。（待つ）
③その感覚が入った容れ物の想像　今思い出された感情や感覚がこころの中をあちこち飛び交っているとしたら，普段の生活の中でも気になってこころが落ち着かないかもしれません。そうならないように，今思い出した気持ちや気分が入った容れ物─壺とか，箱とか，容器─のようなものを思い浮かべてみてください。それが入っているのに一番ぴったりだと感じられる壺や箱，容器はどんな物でしょうか。…（待つ）…すぐに浮かぶときもありますが，浮かばないときは，あれこれ思い浮かべて確かめてみてください。

④容れ物の状態の確認（浮かんだようなら）色はどんな色でしょう？……材質は何でできているでしょうか？　形や大きさは、どのようでしょうか？

⑤位置と距離の確認　それは今どのあたりにありますか？……あなたからどのくらい離れていますか？

⑥蓋や覆いの確認　では、今のあなたの位置からその容れ物（壺、箱……）を眺めると、どんな感じがしてきますか？（待つ）嫌な気分や不安な感じを感じたら、気持ちが落ち着くためにはどんな蓋か覆いをしたらいいか、あれこれ探してみてください。たとえば、頑丈な厚い木の蓋をしっかりとしておく、蓋を半分だけしておく、うすい布を軽くかけておく、などいろいろな仕方があります。（待つ）気分が初めの見え方より、少しでもいいと感じられる蓋と蓋の仕方を探してください。（待つ）

⑦容れ物の配置換え　では、最後にその壺や容れ物を、どこにどのように置いたら気分が少しでも楽になれるか、落ち着いた感じがするか、適当な置き場所を探してみてください。距離は近いけど、間に衝立のようなものを立てて、そこにあるけど、見えないというような微妙な位置関係が落ち着くということもあります。

⑧わずかでも安心な感じがするか確認　置き場所を変えたら、初めの位置と比べて、気分の変化が少しでもありますか？　気分の変化を確かめてください。動かしてみて、再び落ち着かない感じがしてきたら、もう一度落ち着き場所を探してみてください。置き場所を変えないほうがいい感じがした場合は、そこで構いません。（動かしてもすぐに戻ってくるようなこともあります。その時は、その容れ物や壺は、今のあなたにとって、困ったものが入っていても、将来のあなたにとって何か大事なものが入っているかもしれないので、動かないのです。しばらく、そのままで少しでも楽にかかえておける工夫を探しましょう。）

⑨普段でも、安心できる距離や位置を確認して、上手に抱えることを確認　普段もし不安な感じがした時は、容れ物の場所や蓋の状態がどのようになっているかを確認して、今配置替えをした場所に戻して、「あそこにあるから大丈夫」と自分を励ましてください。もっと適当と感じられる場所があれば、そこに動かしてもいいです。このように普段でも、不安な感覚が感じられるものには不用意に近づかず、不安に圧倒されない距離や位置を探して上手に抱えることを覚えましょう。

①から⑨までを終えた後は、以下のように絵を描いて、記録として残します。

今日のイメージ画を描いてみましょう。

(1) はじめのイメージ画

(2) 配置換え後のイメージ画

(2) "気になる壺"開眼イメージの適用例

以下に,臨床心理学専攻の大学院生が授業でペアの組になって行ったイメージ画と感想を紹介します。

①適用例 a

図 12-11　初めのイメージ画と配置換え後のイメージ画 a

〈説明と感想〉

「思い浮かんだ気持ちは『嬉しいけど切ない』というような矛盾したもので,走り出したくなるような衝動にかられました。初めは座っている自分の膝の上に載せていて,動かすのは危ないイメージでした。配置換えによって,蓋ではなく,ラッピングの袋のような開閉ができるものに入れて,いつも持ち歩いているカバンの中に入れました。箱は10センチ×10センチの立方体の小箱です。色はマーブリングをしたようにカラフルで,赤や黄色です。蓋はなく,ギリギリまで入っていて,今にも溢れだしそうです。初めは危なっかしいイメージだったけど,カバンに入れることによって,人に見られることのない安心感と自分だけが知っているという感じで落ち着きました」

②適用例 b

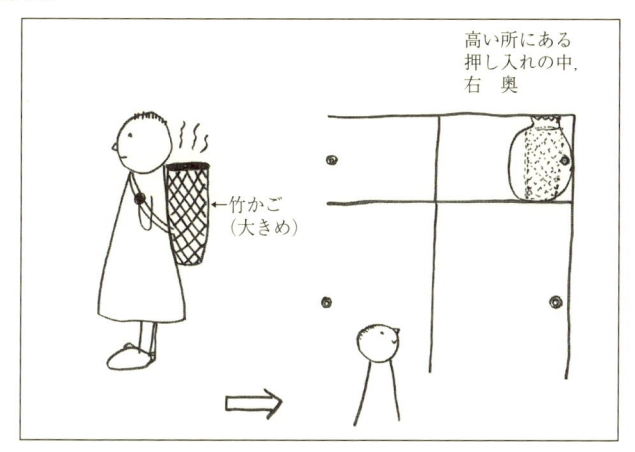

図 12-12　初めのイメージ画と配置換え後のイメージ画 b

〈説明と感想〉

「栗拾いとかで使うような背負うタイプの大きな竹籠を想像しました。背負っていたので，遠くに置きたくて，高い所にある押入れの天袋の右奥に，風呂敷に包んで置きました。普段はあまり目につかないし，でも，いつでも取り出せる場所なので安心感があります」

③適用例 C

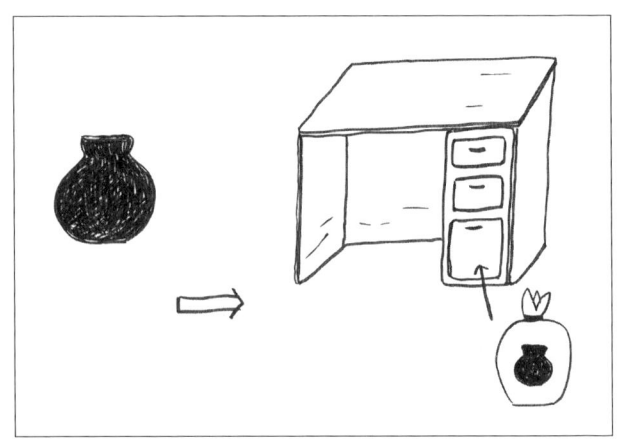

図 12-13　初めのイメージ画と配置換え後のイメージ画 C

〈説明と感想〉

「初めは，濃い青，紺色のような小さな陶器の壺が，目の前（鼻先 10 センチくらい）にありました。配置換え後では，その壺に蓋をして，白い布でくるんで，家の机の引き出しの一番下の段にしまいました。目の前に壺があった時は，それを持っておくのが嫌だという気持ちと，このまま自分の見えない所に壺が行くのは不安だという気持ちがありましたが，壺に蓋をして布をすることで，とりあえず，自分で持っておくことができそうだと感じ，家の机の引き出しなら安心だという気持ちにもなれました」

5. "安心の壺" 開眼イメージ法

"気になる壺" 開眼イメージ法だけで終了してもいいのですが，時間に余裕がある場合，以下の "安心の壺" 開眼イメージ法を続けて行うと，「安全感覚」がより確かなものになります。"安心の壺" 開眼イメージ法だけを単独で実施してもいいです。

(1) 手続き

表12-2 "安心の壺" 開眼イメージ法（福留，2004）

①**安心な感覚や気持ちが入った入れ物の想像** 自分にとって安らぐような安心な気持ちが入っている "安心や癒しの壺" というものがもしあるとしたら，どんな壺が思い浮かびますか？（待つ）
②思い浮かばないときは，これかもしれないと感じられるものが出てくるまで，しばらく待っていてください。どこかに隠れているかもしれないし，見えにくい所にあるかもしれません。また，とても小さくて見つかりにくいのかもしれないので，注意深く探してください。こころの中をずーと見渡してみてください。（待つ）
③**容れ物の確認** それはどのような形をしていますか？ どんな色ですか？ 材質は何でできていますか？
④**安心や癒される感覚を味わう** 触ったり，中に手を入れてみたり，中に入ったりして，心地よい感覚を十分に味わってください。
⑤**安心できる持ち方，抱え方を探す** 次は，それをどのように持っていたら，安心な心持ちになれるか確かめてください。胸の前で抱いている，足元においておく，大事な袋にしまって身につけておく，自分の机の上に置いておくなどいろいろな抱え方があります。
⑥何か不安なとき，その "安心・癒しの壺" を自分の気持ちの拠り所にして，大事に抱えることを思い出し，少しでも安心感を取り戻してください。つらいときは，悩みの壺が目の前に大きくあって，他のいろいろないい壺を見えなくさせている状態と考えてください。不安なときやイライラした時に，その "安心の壺" を大事に抱えて，「大丈夫」と自分を励ましてください。

(2) "安心や癒しの壺" 開眼イメージの適用例

"気になる壺" 開眼イメージ法と同様に，以下に，臨床心理学専攻の大学院生が授業でペアの組になって行ったイメージ画と感想を紹介します。

①適用例 a

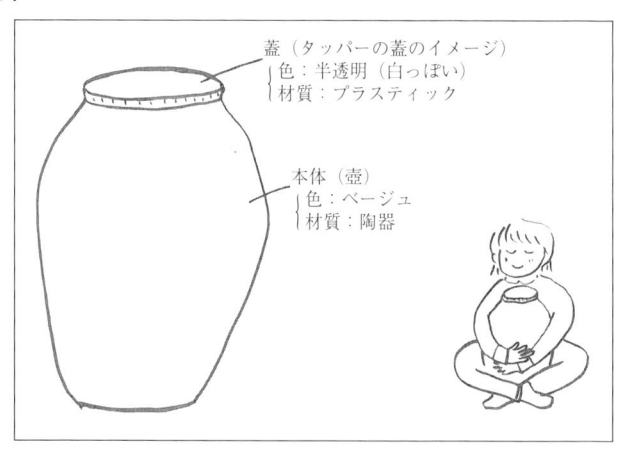

図 12-14 "安心や癒しの壺" のイメージ画 a

〈説明と感想〉

「蓋：タッパーの蓋のイメージ。色は半透明で，白っぽい。材質はプラスチック。本体：壺。色はベージュで，材質は陶器。安心な心持ちになれる持ち方は，あぐらをかいて座り，手と足で抱きかかえるようにして持つ。壺は床に底がついているので，ずっと持っていても重くない」

②適用例 b

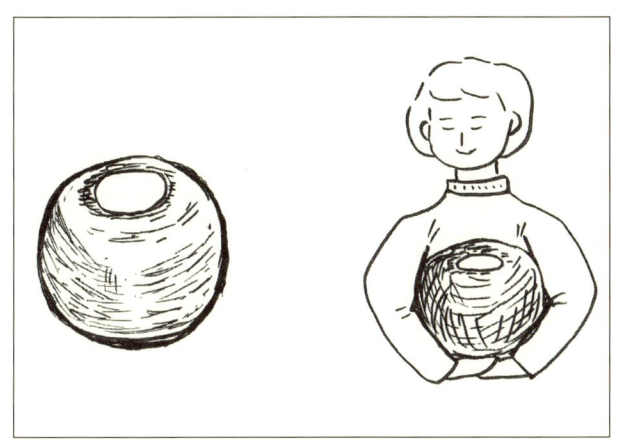

図 12-15 "安心や癒しの壺"のイメージ画 b

〈説明と感想〉

「陶器でできている，表面はザラザラの球体。色はベージュ，灰色，黒のマーブルのような配色。中は暗いと不安なので，光が入り込んで白く見える。持ち方は，両手で優しく包み込むようにして，胸の前で抱えているのが心地よい」

③適用例 C

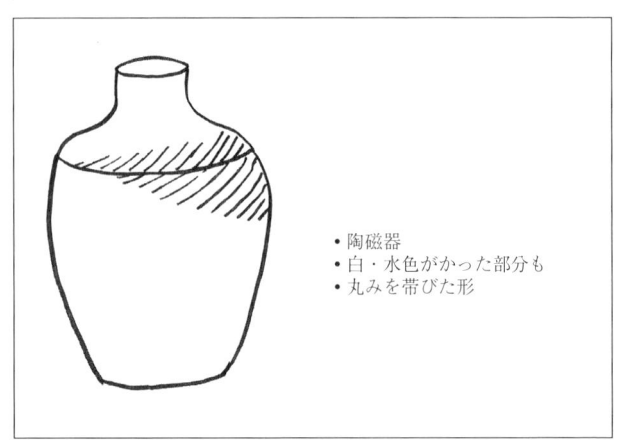

- 陶磁器
- 白・水色がかった部分も
- 丸みを帯びた形

図 12-16　安心や癒しの壺のイメージ画 C

〈説明と感想〉

「"気になる壺"のイメージをした時より，イメージが浮かびにくかった気がしました。どうしてだろうと考えた時，自分の中で気になることの方が，安らぐことよりも目が向きやすいからなのではないかと思いました。安心な気持ち，安らぐ気持ちは，安らいでいる時はそれを感じられたとしても，それ以外の時は忘れがちな感覚だと思いました。そういった感覚を，心の中で"壺"という形にすることで，その感覚を思い出しやすくなる，注意を向けやすくなるのかなと感じました」

第13章

開眼イメージ法と閉眼イメージ法

　第11章，第12章では，閉眼イメージ法と開眼イメージ法をそれぞれ適用した事例を紹介しました。しかし実際のところ，筆者の臨床経験では，その両方を状況によって併用することがほとんどです。ある気分や感覚に圧倒されて現実生活に支障が出ている場合は，開眼イメージ法を用いて喫緊の恐怖感をまず緩和し，その上で言葉で語り合うことを行い，またもう少し深い領域に関係しているものについては，時間をかけて長い期間にわたって閉眼イメージの中で扱うという流れになることが多いようです。そのような事例を次に紹介します。

1. 開眼イメージ法と閉眼イメージ法を併用した場合

将来の不安を抱く研究員：壺を触り微かな火種を確かめるイメージ
［30代男性研究員／将来への不安，焦燥感／心理相談室］
　日常生活でも研究生活でも，気持ちがゆったりと休まることがなく，自分を責め続けることで精神的に追い詰められているという訴えで，30代の研究員の方が来談しました。約2年半の経過で，初めは1～2週に1回，後半は概ね1ヵ月に1回の頻度で面接を行いました。全49回の面接の中で，3回の開眼イメージと18回の閉眼イメージを実施しました。
　初回面接（X年2月）では，研究が思うように進まない，将来のことを考えると不安で深みにはまる感じがすると語りました。＃2ではTEGを実施し，CP：16，NP：16，A：12，FC：8，AC：16という結果で，FCが8と低いため，気分転換の方法などについて話しました。
　＃3：（1週後，開眼イメージ①）

「読まないといけない文献がたくさんあるが読めていない。研究が面白くないかというとそうでもなくて，まだまだ勉強が足りないという感じ。長く寝てしまい，時間を無駄にしている」と自分を駆り立てて焦燥感を増幅しているように感じられました。そこで，切迫感を少しでも緩和できたらと考え，次のように聞いてみました。〈今感じている漠然とした将来への不安な気持ちが入っている壺のようなものがあるとしたら，どんなものが想像できますか？〉「……縄文土器……素焼きの原始的な壺……（口の大きな壺を手で描いている）……」〈口が大きい壺ですね。何か蓋みたいなものはついているんですか？〉「……蓋は今はありません……」〈そうなんですね。それを見ていて，自分が少しでも安心と感じることができるには，蓋があった方がいいですか？ ないほうがいい感じがしますか？〉「あったほうがいいですね……どっしりした文鎮のような金属の……あ，でも違和感がある……同じ素材のピタッとくる素焼きの蓋の方がいいですね……西洋料理に使うような丸味のある蓋をします……」〈蓋をした方が楽ですか？〉「なんか少し安心な感じがします」……〈今，その壺はどこにある感じがしますか？〉「目の前（と即答して，目の前に大きな円を描く）……」……〈すぐ目の前にあって，他のものが見えないように覆っているみたいですね〉「あー」……〈自分が少しでも安心と感じられる置き場所を探してみましょうか〉……「……足元か背中の後ろ……でも見えないと不安だから，足元，左側の足元……」〈左の足元に置いた方がさっきの目の前より安心な感じがしますか？……では，普段同じように不安になった時には，また壺を目の前に持ってきている状態になっていますので，足元に置いておくことを思い出してくださいね〉と伝え，終了しました。

＃4：(1週後，閉眼イメージ①)

「今までは，何をするにもパソコンの前に座って考えていた。足元に置くイメージができると，そのことばかりを考えるということはなくなった。その悩みがあることで，周りが見えなくなっていたということを実感した」と語りました。続いて閉眼イメージに導入しました。イメージの幕は，「緞帳のような重々しい幕」が開きました。「壺が三つ。大きめの中国の壺のような」（図13-1）〈周りはどんなふうですか？〉……「幕が開くと舞台になっていて，私は観客席の5列目くらいの真ん中に座ってみています」……〈その位置から壺を眺めて，ど

図 13-1 ＃4 舞台の上の三つの壺：どす黒い素焼きの壺と二つの白い磁器

んな感じがしますか？〉「あー,壺があるなーという感じ。怖いとかなくて,ちょっと綺麗だなーと思ってみています」……〈今いる位置から,もう少し近づくことできそうですか？〉「はい,近くで見てみたいです」〈では,気を付けてもう少し近づきましょうか〉……〈どうですか？〉……「下で見ていたより,すごく大きいです。私の身長より大きい」……〈近づいてみたら,随分大きかったんですね……今,どんな感じですか？〉……「下で見ていた時は,あーあるなーという感じだったけど,上がってみたら大きいので,圧迫感があります」……「下で見たときは三つとも同じ素材だったのに,一番左のだけ,素焼きの茶色くどす黒い感じ。気になります」……〈中を覗くことできそうですか？〉「大丈夫と思います」……〈大きいから,覗くのに何か台が要りますかね……気を付けて覗いてみてください〉……「台に上って見ましたが,何も見えない……暗くて見えない……古い感じ。見ても気持ちのいいものではないので,このまま置いておきます。いつかは見てみたいけど,今は止めとこうと思います」……〈そうなんですね。では,そのまま置いときましょう〉……〈しばらく,その場面を眺めていてくださいね〉……「壺のどす黒さが気になるので磨くと多少落ち着くかもしれない……。中に入っているものも綺麗にしてあげたい……でも,どす黒さが手強そう」……「素焼きなので,こびりついているから,どうやったら綺麗になる

かわからない。……削ろうかと思うけど，壺の形が損なわれる……」……〈どす黒さを消したいと思う？〉「それがなければ，綺麗になるのにと思う」……〈他の二つはどんな感じですか？〉……「二つとも中国の白っぽい磁器」……〈もうしばらく，そのままで置いておきましょうか。……舞台から降りて，また下から見てみましょう。どうですか？〉……「左の壺のどす黒さが目立って見えます」〈また戻ってくることはできるので，今日はこの辺で幕を閉じましょう〉

　このようにしてイメージを終わりましたが，次のような感想が語られました。「左の壺に対しては，汚いというより古いからもっと綺麗にしてあげたいという気持ちだった。今思ったのは，素焼きの壺の良さは，白っぽい壺の良さとは全然違う。見た目ではなくて，強さとか実用性とかそういうところにあるなと。私はそれを認めようとしていないのかもしれないと思った」とのことでした。

　♯5：(1週後)
　「近頃，気分が軽くなっている」と言いました。
　♯8 (3週後)(閉眼イメージ②)
　「将来の不安が入った足元の壺がどうなるといいのでしょうか。うまい付き合い方をみつけていくということでしょうか」と，閉眼のイメージ・セッションの前に語りました。

　「薄い白っぽいカーテンの後ろにあの（普段足元にある）壺がありました。この前の三つの壺の前に私が立っていて，足元に寄り添う感じであの壺がある。三つの壺は大きさがかなり小さくなった。背丈くらいあったけど，今は足元の壺と同じ大きさになっています」……〈足元のは，今どんな感じですか？〉……「私が歩くと影のようにくっついてくる感じです。膝の高さくらい」……〈蓋は今，どんな状態ですか？〉「しっかり閉まっています」……〈その壺に触りながら，感じてみてください〉……「私の手が温かいのか，生き物みたいに温かさがある」……〈温かい感じなんですね。……全体を触ってみてください〉（口から底まで手を動かして触る動作をしながら）「ざらざらして，素焼きの壺の感じ」……〈今日，初めて触ってみましたね〉……「今までは眺めているだけで，暗いものが入っているなーと感じて，見るのもつらかったけど，触っているとそんなに怖いものでもないかなという気になりました」……〈今日初めて触って温かい感じがしたけど，壺の中を覗いてみることはできそうですか？ 難し

そうですか？〉……「触って温かい感じなので,覗くことはできそうです」〈では,気を付けて覗いてみましょうか？ 気を付けて〉……「はい……開けました。いろんなものが混ざり合っている」……〈手を入れてみても大丈夫ですか？〉(左手で中をかき混ぜている動作)……〈どんな感触ですか？ 感じは？〉……「ふわーとしたグレイに近い……空気の塊とか……ところてんのようなヌルッとした長いものが絡まっているような……空気の流れのような得体のしれないもの……怖いというのは全くなくて,絡まっているなー,もやもやしているなーというのはある……」〈手を入れてみたら,そんな感じがしましたね。では,蓋をどのようにして置いておきましょうか？〉……「なくてもいいかなと思うけど,透明の蓋に変えてみようかな」……〈やっぱりついてくるというのはありますか？〉……「ついてくるけど,私が別の方に行くと二,三歩遅れてついてくる……蓋があるし,大丈夫です」〈では,今日はこの辺で,幕を閉じて終わりましょうか〉という展開で終了しました。

　イメージの後,「これまでは,足元に壺があるということしか感じられなかったけど,今日改めて手を入れてみて,将来の不安が入っているはずなのに,形がない,いったい何なんだろうと感じた」と話されました。

＃9：(1週後,閉眼イメージ③)

「白っぽいカーテンの奥の方に壺が三つ並んで見える」……〈近づいても大丈夫ですか？〉「危ない感じはしない」〈では,大丈夫と思える所まで近づいてみてください〉……「遠くで見ていた時より,大きくない。どす黒いの一つと艶々の白い二つと」(図13-2)(口絵参照)……〈どれに近づいて見ましょうか〉「右の白っぽい方から。……綺麗でつるつるな感じ」……〈外側を触ってみることできそうですか？〉「はい……ひんやりした感じ,年代物で,優しい感じがする」……〈中を覗いてみることはできそうですか？〉……「はい,気体のような気もするし,白っぽいヨーグルトのような感じもする」……〈手を入れてみることはできそうですか？〉(実際に手を動かしている)……〈どうですか？〉「ヨーグルトをかき混ぜているような……形はあるけどすぐ崩れて。……柔らかいけど,形はある」……〈そんな感じのするのが入っているのがわかりましたね。……では,次はどうしましょう？〉……「真ん中の壺……近づいたら,薄茶色で……汚れなのかはわからない」……〈外側を手で触っても大丈夫？……どう

図 13-2 ＃9 舞台の上の壺に近づいて中を覗いているところ

ですか？〉……「さっきのと違って温かい感じ。形も触ってみると違いました。安心感というか落ち着いて，ゆったりとした気持ち」……〈では，もういいと思うまで，十分にその感じを味わってください〉……（覗く姿勢）……〈中を覗くことできそうですか？〉（頷く）〈どうですか？〉……「壺の中に光の素みたいなのがあって，光も発しているけど，熱も発しているから，外も温かい。壺の中も温かい感じ。……眺めているだけで満足」……〈しばらくその感じを味わってみましょうね〉……「壺の口に手をかけて見ています」……〈よかったですね。いいものが入っていて〉「はい」……〈では，壺をどこに置いておきましょうか〉……「どす黒いのとは，二つは離しておきたい」と言い，配置を変えて終わりました。

イメージ後，「意外でした。もっと怖いものが入っているかと思っていた。真ん中の壺を見られてよかった。中の光を見て，安心感とか優しさとかを感じました。そんなものを見られるとも思ってなかったし，自分の中にあるとも思っていなかった。不思議ですね，予想しなかったものがどんどん出てくる。今日初めて，自信というか改めて前向きになれた。自分も捨てたもんじゃないと感じました」と感動した様子で語りました。

＃10（1週後）：論文の発表を無事にすませたとのこと。

＃11（1週後）：「壺の中の光がすごく嬉しくて，それを考えながら眠るから安心しています」「今までは理想がいっぱいあって，常にああしなきゃ，こうしなきゃと思っていました。壺の光も，こうありたいと思うもの。こうありたいと思うものが全部自分の外にあると思っていたけど，自分の中にあったので，本当にびっくりした。自分には欠けているところも一杯あるけど，これがあるからいいかなと思う。気分が軽くなった」「以前は，夜中にこれ以上考えられないというくらい考えていた。最近はそれをしなくなったら，朝早く起きられるようになった」と語られました。

＃13（1週後）：「論文を書き上げた。よく寝ているけど，罪悪感はない」とのこと。

＃15（2週後　開眼イメージ②）：「論文の発表の時に，緊張しすぎないようにするにはどうしたらいいですか？」と問うので，次のような開眼イメージを用いたやりとりをしました。

〈発表の緊張感が入った壺があるとしたら，どんな感じですか？〉「丸い壺」……〈触ってみることできますか？〉……「手触りはゴツゴツして，固い。陶器で，こげ茶色」……〈中は見えますか？〉……「ここからでは見えない，下に下ろしたら見える……右の足元に」……「何かあるようだけど，形になっていない。多分，気体」……〈手を入れることはできそう？〉「大丈夫。スカスカしている感じ……底の方は形があるような。固まりかけているヨーグルトのような……グニャグニャしていて捉えどころがない……」……〈もういいと思ったら，その感触を壺に置いて手を出してください〉……「怖いものでもないし，攻撃的でもないけど，形になっていない不安……」……〈それが正直なところでしょうか？　もう少し，形ができている感じだった？〉……「そうですね。もしかしたら，空っぽだったら，どうしようと思ったんですけど」……〈空っぽではなかった？〉……「ずっしり来るような感じだった。ずっしり重かった」……〈何でしょうね？〉……「論文の中身？　ああー，だと嬉しいな。ヨーグルトだと，このまま育てていけばいい。以前，ヨーグルトを育てていたことがある。ヨーグルトができる途中，固まっているところもあるし水みたいなところもある。あー，ますます研究に通じますね。……このまま頑張っていけば，形にできそうな感じがしてきました」という，研究とヨーグルトの醸成を重ね

たようなイメージ展開でした。

　#16（2週後）:「研究発表会では厳しいことを言われたけど，ダメとは言われなかった。このままで行きます」「去年の自分と考え方が違ってきている。前は，周りの人はできるのに，自分はダメと思っていた。最近は，これが自分と思える。人それぞれ違うと思う。自分が持っているものは，大事にしないといけないと思うようになりました」と語りました。

　#22（X年10月）:「あの時浮かんだ壺の中の炎……普段イメージして消えそうになっているとき，自分で頑張れ頑張れと言っている……イメージで大事なものを見せてもらった気がする。この炎のイメージを一生大事にしようと思った。自分という人間の核になればいいなあと思う」

　#23（2週後：閉眼イメージ④）再び，論文が進まない不安が語られたので，イメージではどのようでしょうと，閉眼イメージに導入しました。「三つか四つか，壺が宙に浮かんでいる……」……〈距離はどれくらいのところに？〉……「遠い，20メートルくらい先」……〈その間はどんな様子ですか？〉……「真っ白」……〈壺のことをもう少し詳しく教えてください〉……「四つかな。一つ一つは大きくはないけど，古めかしくて，重そうな感じ」……〈見ている今の気分はどうですか？〉……「並んで，ぷかーと浮かんで静かだなーと。京都のお寺の壺みたい」……〈近づけそうですか？〉「はい……（沈黙）……思ったより上で浮いていて，頭くらいの所で浮いている……三つは触って自分の位置まで持ってくることできる……四つ目は触る前に下に降りてきて，手の所で止まっている」……〈中を覗けますか？〉……「炭みたいなのが入っていて，ちょっとだけ火種みたいなのがチロチロ見える。底の方にあるので，奥に赤いのがチロチロ……」「三つ目は口が狭まっていて，上まで薪かと思ったけど，本が入っています。その重さで壺が不安定というかちょっと揺れています」……〈四つ目はどんな感じ？〉「温かい感じだけど，火種みたいなのは底の方にあるので，距離を感じる……消えないでって……」……〈どうだったらいいのにと感じる？〉……「新しい炭をくべたり，風を送ったら火は強くなるかと思うけど……周りには何もないので……どうしようもない。ぽーっと見ているしかない」……〈他に何かないかな？……ずーっと見渡してみて……〉……「うーん……」……〈視点を広くしてみては？〉……「上の方に窓みたいなのが……

思ったより大きな窓で……開けると雲の上だった……青空がずーと広がってきれい……窓を開けたら下の方から風が来た」と言い，消えそうな火種の壺に風が入って来るというイメージが展開しました。

#24(1週後：閉眼イメージ⑤）論文は少しずつやっているということでした。イメージでは，前回の壺がある同じ場面で，「この前の壺を上から覗いているけど，真っ暗」……「炭みたいな，焦げたような……火種があるような，ないような」……〈見ていて，どんな感じ？〉……「なんか前はもう少し，チロチロしているのがあった感じするけど，あるのかないのかわからなくて，悲しい感じ……」……〈……少し触ってみましょうか。実際に手を動かして触ってみましょう〉……（手を前に出して包むように動かしながら）……「あー，なんか温かいですね，下の方が」……〈火種があるのかな？〉……「そこまでの熱さではなく，じんわり温かい」……（しばらく沈黙）……「不思議だけど，雪が降ってきて壺の中に入っていきます……私はやばいと思いながらみているけど，雪が壺に入ると火種が勢いを増して，冷たいのが入っていくのに，壺自体は熱を帯びていくみたい……」……（沈黙）……「雪が降り続いて，火種が炎に変わった……それまで古い壺だったのが，耐熱ガラスの壺になって，雪の中にあって，すごく不思議な感じ……」……「この前の上の窓から外を眺めたら，今日は雲がなくて，下に街が見える……港と街と海……」……「町全体が，すごく楽しそうに動いている感じ。こっちまで楽しい気分」というところで，終了しました。イメージの後に，「安心しました。壺のある場所が広いか狭いかわからず，初めは白一色で息苦しさを感じていました。でも，窓を開けたら，広い世界があって，壺は元気を取り戻して安心しました」と，論文が書けそうな感じがすると言いました。焦りが消えて，「自分が書ける範囲で書こうと思う」と話し，2カ月後には無事論文を完成させました。

#28（X+1年1月：閉眼イメージ⑥）翌月に研究発表があるとのことで，希望により閉眼イメージに導入。「白い空間に壺が並んでいます……前よりももっと重量感がある……中にいっぱい詰まっている感じです」……〈前と壺の感じが違っていますね？〉……「前は階段状の所に並んでいたけど，今は四つが地面に並んでいます」……〈壺の大きさはどんなですか？〉……「底が40センチから50センチくらい」……〈大きい壺ですね。……蓋の様子はどうで

すか？〉……「左二つは蓋がなくて，中に入っているものがわかる……右の二つは，蓋があるのかないのかわからない」……〈壺との距離は，どれくらいあります？〉……「1メートルくらい」……〈一つ一つ見てみましょうか？〉……「一番左は，前見たのと同じ……火が入っていて，真ん中でふわーっと提灯の灯りのようにともっている」……〈見ていてどんな感じ？〉……「安心できますね」……〈薪があるんですね〉……「左の二つを一緒に見ていると，火の入っている方が生き物のような感じで，イメージとしては薪で走る蒸気機関車みたい……静かだけど，命を持っているような……」……〈右の方はどうでしょう？〉……「壺自体は左のと違わないように見えるけど，木の蓋をしっかりしてある」……〈どんな感じがしますか？〉……「ちょっと寂しい感じで，しゅんとなる」……〈蓋を開けないで，ちょっとだけ触ることできそう？〉……「冷たい感じですね……中を覗きたい」……〈中を覗きたい感じがするんですね？……では，慎重に，ちょっとだけ開けてみましょうか？〉……（長い沈黙）……「少しずつ開けていったけど，中は真っ黒」……〈怖い感じ？〉……「怖くはない。……なんか全部開けてしまったけど，真っ黒いのは内側に焦げた跡みたい……煤がこびりついていて，中には何も入っていない」……〈見ていてどんな感じですか？〉……「さっきの左のを見て，これ見ると，これは燃えてしまった後という感じ……寂しいというより，あーそうだったんだねという納得じゃないけど，中の様子がわかって，ほっとしました」……〈あー，そうなんだね，よかったね。……その壺をどうしておきましょうか？〉……「土に埋めてあげたい」……〈では最後のもう一つはどうしましょうか？……疲れていませんか？〉……「大丈夫です。この壺だけ形も見た目も違う感じ。繊細で上等な茶碗蒸しの器のよう。白くて，梅や桜の模様が入っている……赤とかピンクの色がついていて，蓋も同じ。」……〈触ってみることできる？〉……「とても滑らかで気持ちがいいけど，ちょっと冷たい感じがする」……〈さっきの冷たいのと違う感じですか？〉……「さっきのは，もう死んでしまったもの……これは生きているけど，冷たい」……〈これも蓋を開けてみますか？〉……「これは外から眺めていたい感じ」……〈今四つ全部を見ましたが，どのようにしておきましょうかね？〉……「中が焦げたのは，どこかに片付けてしまいたい……あとの三つは，真ん中に火が入ったのを置きたい……真ん中に

火を持ってくると，一番右のが反発しそう……隣に置いたらいけないみたい」……〈どうするのが，バランスとれるでしょうかね？〉……「ちょっと離して，仕切りみたいなのをして，……なんかそれぞれの関係を考えていたらキリがない感じ」……〈では，今日はそこまででおいときましょうか〉ということで終了しました。

＃31（X＋1年3月：閉眼イメージ⑦）：「春のこの季節は，例年はだるい感じがするけど，今年はそうでもない。イメージをしたい」と言うので，閉眼イメージに導入。「白い部屋にいるけど，向うの壁が抜けて，その向うは空が背景になっている……真ん中にぽんと一つ壺が」……〈周りはどうなっていますか？〉……「床も天井も真っ白……すごいあっさりしていて，向うに空がなければ，心細い感じ……ここにいて大丈夫かなって感じ」……〈どうしましょうか？ 壺に近づいてみますか？〉……「はい，かなり大きいです……すごく存在感があって，表面がざらざらしていたり，すすけていたり，つるつるしていたり」……〈大きさは？〉……「抱えられないくらい大きい」……〈大きいんですね，……材質はどんな感じですか？〉……「場所によって違うみたい」……〈しばらくそのまま見ていましょうか？〉……「見た目は綺麗なものではないけど，安心します」……〈安心する感じがあるんですね，……触ってみることできそうですか？〉……「柄が入っていたり，ひびが入っていたり，いろいろなんですけど」……〈いろいろな感じがあるんですね。……中を覗いてみることできそうですか？〉……「なんかいろいろなものが入っている感じですね。……（沈黙）（覗き込む姿勢）……燃えている火も入っているし，花みたいなのも入っているし，薪のようなものも……」（図13-3）（口絵参照）……〈中を見ているとどんな感じですか？〉……「薪が火の横にどんと固まってあって，見ていて安心です……これがあるから炎はずっと消えないぞって感じ……もう一つ，黒い塊があるけど，何かわからない……変なものではない感じ……これが一塊になるといいなーと思うけど，手の出しようがない……白い部屋と不釣り合いな感じだけど，今はどうしようもない。」というところで終了しました。

イメージの後，「今までの壺が一つになっていた。表面がグチャグチャしているところもあり，前ならそこを綺麗にしたいと思っていたと思う。でも今日は，こんなもんでいいやと思えた」と語りました。

図 13-3　♯31　「壺が一つになって，いろいろなものが入っている」

♯38（X＋1年7月：閉眼イメージ⑧）希望により4カ月ぶりのイメージでした。「細長い長方形の部屋。四隅に壺があって，真ん中に大きな壺がドーンとある」……〈壺がいくつかあるんですね。……どの壺を調べてみたいですかね？〉……「真ん中の」……〈どのくらい離れたとこにありますか？〉「2,3メートル先」……〈では，気を付けて近づいてみましょう〉……「どっしりして，……縄文土器のようなどっしりした，作りが荒い感じ。……安定して，びくともしない……ザラザラしているけど，心地いい感じ……観賞用の壺でなく，実用に使われている感じ」……〈しばらく，見ていましょうね〉……「口が狭まっているので，中が見えにくい。……（沈黙）……中に何かある感じはするけど，それより，内側の壁面に鮮やかな絵が描かれていました……古墳の壁に描かれているような古い女の人が，物語みたいに描いてあるんですけど……その意味はよくわからないけど，続いている感じはします」……〈しばらく見ていましょう〉……（長い沈黙）……（息が少し荒くなる）〈今どうしていますか？〉……「壺が大きいので入ってみようかと思ったけど，下の方にモヤモヤしたものがあったので，灯りを下まで下げて，絵をずーっとみていました」（図13-4）（口絵参照）……〈どうでしたか？〉……「すごい綺麗で，そこだけで物語がある……外からは見えない内側がこんなに広かったんだって……絵巻物

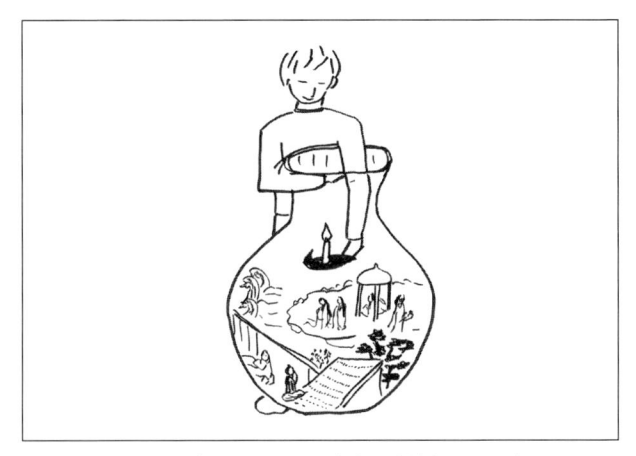

図 13-4　♯ 38　内壁に綺麗な絵巻の紋様のある壺を覗いているところ

のように一周している」……〈気分はどんな感じですか？〉……「わーすごい，こんなものが描いてあるんだって。すごく嬉しくて……」……〈では，もういいと思うまで，十分にその感じを味わいながら，そのまま眺めていてください〉……（長い沈黙）……（こっくり，こっくりしはじめる）……〈今どうですか？〉……「ずーと眺めている感じです。細かいところまでしっかり丁寧に描かれていて，すごいなーって」……〈すごいいい壺でしたね。よかったですね。……今日はそろそろ時間がきましたので，この辺で終わりましょうか〉という展開でした。

　イメージ終了後，「内側があんなにきれいに見えたのは初めてでした。外から見ていると見えない世界が内側にはあって，すごくびっくりしました。光を当てて目を凝らすと見えるものがいっぱいあるなーって」と感慨深げに語りました。

　その後も自身の状態を確認したい時に，イメージ法を希望されました。仕事も決まり，終結が話題に出た頃の♯ 47 の最後の閉眼イメージです。

　♯ 47（X+2 年 4 月：閉眼イメージ⑱）
「カーテンを開けたら広い空間が……床はあるけど壁はないみたいな広い空間……向う側に小さな壺が並んでいる……その中に一つ大きな壺がある」（図

図 13-5 ♯47 小さな壺群と中で何か蠢く大きな壺

13-5)……〈少し近づいてみましょうか?〉……(沈黙)……「小さい壺から1〜2メートル先に大きいのがあって」……〈どうしましょうか?〉……「小さい壺は上から覗き込めるくらいの所にあって……覗いたら,土がはいっているみたい……いくつもあるけど,どれも同じような……特徴がない」……〈触ってみましょうか?〉……(手で壺の外形をなぞる動作)「壺というより,花瓶みたい……」〈感触は?〉……「さらさらして,そんなに冷たくない……温かい感じ」……〈触っていて,どんな感じがしますか?〉「落ち着きますね」……〈他のは,どうですか?〉……(いくつか,触る動作を続ける)………「だいたい同じ感触ですね」……〈今,小さい方の壺をいくつか見ましたね。だいたい,どんな感じかわかりましたね。……どうしましょう? 大きい方にも近づいてみますか?〉(頷く)〈足元に気を付けて,大きい方に近づいてみましょう〉……(沈黙)……(長い沈黙)……「だいたい壺の素材は小さいのと同じだけど,それよりもっとしっかりして分厚い感じ」……〈大きさはどうですか?〉……「私が立って,同じ高さくらい」……〈大きいんですね。眺めていて,どんな感じですか?〉……「周りに小さい壺があるけど,親分と子分の関係みたい……頼もしい感じですね」……〈実際に触ってみましょうか?〉(両手を50〜60センチくらい左右に開いて)……「触った感じも分厚い感じ……表面はひんやり

して……ずーっと触っていたら，土の温かさが感じられます……」……〈温かい感じがしているんですね……蓋はあるんですか？〉「ないですね」……〈大きな壺ですが，覗くことできそうですか？〉……「台を持ってきます」……（沈黙）……（沈黙）……〈どうしていますか？〉……覗いているんですけど，何が入っているかわからない……うすく靄がかかっている感じで，はっきりしない」……〈もう少し，そのまま見ていましょうか〉……（長い沈黙）……〈今，どうですか？〉……「靄がかかっているのが続いているんですけど，中で何か動いている……グツグツというほどではないけど……靄も動いているので，それがわかる……」……〈見ていて，どんな感じがしているんですか？〉……「あまりいい気持ちはしないけど，怖いとか嫌とかはなくて……もっと中身を見られたらいいのになあって」……〈前は中をかき混ぜてみたり，いろいろしたことありましたね？……今日はどうでしょうね？〉……「壺の中のものが，勝手に動いているように見えます………前もこういうのを見た気がする……ほっとけば，何かになっていく気がします……切羽詰まった感じというのもないし，なるようになるかなという気もしますね」という展開で終わりました。

　イメージ・セッション後に，「今日のは，勝手に壺の中で動いて，何かの形になろうとしているのかなと受け取りました。ほっといても大丈夫な感じ。『じゃ，頑張って』（笑いながら）という感じ。手前の小さな壺は，珍しくかわいいなと思いました。壺というより，蝶々のような感じでした」，「真ん中の大きい壺が安心しました」と語りました。

　初めの主訴であった，強迫的に駆り立てられる焦燥感は早い時期になくなり，また将来への不安も，「何かの形になろうとしているかな……ほっといても大丈夫かな」という心境にかわり，終結となりました。

【補足説明】からだの動きや視覚以外の感覚情報がイメージ体験の次元を拓く
a．イメージ体験中にからだを動かすことの影響
　イメージ療法では，クライエントは体験しているイメージを，言語を用いてセラピストに伝えます。その時，イメージ中でさまざまな動きを体験しているわけですが，覗き込む姿勢になったり，眩しそうに見上げるなど，実際の動きを伴っていることもあります。しかし，多くの場合，クライエントは体を動か

さないまま報告をしています。

　筆者は，内的に感じられている感覚や気分が微細ではっきりしない場合，この事例で行ったように，壺の外形をなぞってみるなど，からだの動きを実際にしてみるように促すことをしています。すると，クライエント自身も気付かないでいた潜在的な感覚が確認できることがあります。この微かな感覚は，クライエントの意識レベルには上がっていなかったものですが，実際のからだの動きに刺激されて，潜在的に身体感覚レベルで微かに存在していたものが，浮上してきたものと考えられます。

　ギブソン（Gibson, J.J. 1966）は，アフォーダンス理論において，すべての感覚が，環境と自己の両者に関する情報を持ち，環境の事物は常にからだの動きとの関連で知覚されると指摘しています。同様に，イメージ体験中の感覚も，体験者のからだの動きに影響を受けると考えられます。村田（1984）は，「イメージ体験においても，その対象のあり方に対応した身体活動が生じることもありうるはずである」と指摘しています。からだの動きとイメージとの関係について，藤代・門前（1996, 1997, 1999）は，イメージ体験中に一定の身体動作を教示したところ，動作をしない条件とは有意に異なるイメージが報告されたとして，「静止している時は静止している時なりの，動いている時は動いている時なりのイメージ体験があり，体験するイメージの質的側面が異なる」と述べています。イメージ表現法としての箱庭や描画，粘土作成における，からだの動きとイメージの関連においても，同様の問題が含まれるだろうと思いますが，この点については，実証的な研究を踏まえた検討が必要でしょう。

b. イメージ体験における視覚情報と他の感覚知覚情報との関係

　本事例の＃23のイメージで，火種が消えているように見えて悲しい気分になる場面があります。そこで，実際に手を動かして触るように促すと，触りながら，手に温かさを感じ，火種はまだ消えていないらしいという報告に変わりました。これは，イメージの視覚情報と皮膚感覚情報のズレを現しています。このような現象を筆者は他でも経験しています。たとえば，足元にある壺をのぞき込むと，膝くらいの大きさに見えたのが，実際に手を動かして触りながら確認していると，手の動きがぐんぐん上に伸びて立ち上がり，最終的には身長

より高い壺になり，それを壺の外形を辿る手の感触から感じたと報告した事例がありました。同じ視覚情報内のズレ，たとえば，遠くから見ているときは普通の大きさの壺が，近づいてみると圧倒されるほど大きな壺に変わるということはよくありますが，視覚情報と皮膚感覚情報のズレとは意味が違うのではないかと考えています。

　先に引用したギブソン（1979）は，「媒介されることのない知覚……に保持されている現実吟味は，画像によって媒介されるような種類の知覚においては明らかに失われている」と述べています。イメージにおける視覚情報を，「画像知覚」と捉えるならば，皮膚感覚情報は「媒介されることのない知覚」と捉えることができるでしょう。他には，嗅覚，聴覚，味覚，運動感覚，内臓感覚などの情報が含まれるでしょうか。このように視覚情報と他の感覚モダリティの情報間に矛盾がある場合，最終的には視覚情報優位に決まると言われています。しかし，イメージ体験中に，さまざまな情報源からの「現実吟味」を丁寧に行うと，視覚情報優位の過程で捨象された他の感覚知覚情報が蘇り，新たな体験の次元が拓かれるのではないかと考えています。先に紹介した閉眼イメージを用いた（3）の強迫性障害の女性の初回イメージで，「イメージの中で膝を抱えて眠っているときの気持ちが，小さい頃犬と一緒に安心して眠っていた時の気分と似ている。その時の犬の匂いを覚えている。」という報告がありました。下條（1999）は，「記憶の容器としてのからだ」という表現を用いて，古い記憶における皮膚感覚や聴覚，嗅覚の重要性を述べていますが，イメージ体験中における，視覚以外のそれらの感覚知覚の体験がきっかけとなって，臨床的に意味のある体験の次元が拓かれると考えられます。

2. 開眼イメージと閉眼イメージの比較

（1）意識レベルと体験の質の違い

　閉眼状態と開眼状態のイメージ体験を比較してみますと，閉眼状態では外界の視覚的な刺激が遮断されるため，注意が自身の身体感覚や気分に向きやすいと考えられます。普段の生活では気付かない腹部の温かさに気付いたり，肩の固さを自覚したりします。閉眼状態でのイメージ体験では，このような内的な

感覚に気付きやすく，またより内界とのつながりも強く，心身の深い過程が体験され，日常の意識状態との距離も大きくなります。深いイメージ体験が起こるので，過去の記憶を辿ったり，恐怖対象との象徴的な直面によって解決が起こることもあります。イメージ解除後にクライエントは，「深い眠りから覚めたような感じ」と語ることがよくあります。

一方，開眼状態でのイメージ体験では，外界の視覚刺激が並行して入ってきますので，深い体験に進むことにブレーキがかかり，日常的な意識レベルに留まります。しかし，感じられるイメージそのものは直感的な世界から送られてくるものなので，普段の意識レベルにありながら深い内的な世界と繋がっていると言えます。ですから，閉眼に抵抗がある場合や即効性を要する場合でも開眼のままでイメージ法を利用すると，体験が深まりすぎない状態で内的なメッセージを受け取ることができます。このようにそれぞれの特徴があるので，臨床場面やクライエントの状態に応じて両者を使い分けると，イメージ法をより有効に利用できると思います。

さらに「開眼壺イメージ法」と閉眼「壺イメージ法」を比較すると，閉眼「壺イメージ法」はフリー・イメージ法より体験内容が焦点化されやすいですが，「開眼壺イメージ法」の場合，焦点化されつつも深い体験に進み過ぎないので，特に危険な体験と距離を置く目的でイメージ法を適用したい場合は，安全性の点で利点があると考えられます。

(2) イメージにおける層について

ここでは，本書で取り上げた事例を基に，イメージの層の存在について考えたいと思います。イメージには，その深さの点から，①日常生活における感情認知行動パターンを表す「普段の生活感覚に近いイメージ層」，②過去体験と繋がった，「症状や問題との関係を象徴的に表すイメージ層」，③自己の存在を肯定したり，拒否するような「深い安心感や希望，不安感と繋がったイメージ層」，④「根源的な命や魂の回復と繋がるイメージ層」があると考えられます。

閉眼イメージの強迫性障害の事例(3)では，初回のイメージ・セッションで，羽がはえた状態で実感を伴わないまま移動し続け，場面がどんどん急激なスピードで変わるという展開でした。これは，クライエントの追い立てられる

ような生活ぶりを表しています。また，摂食障害の事例（4）では，＃7の初回のイメージ・セッションで，幅広の絨毯を一人できっちりと巻こうとしてへたばっているイメージが現れます。これは，クライエントが日常生活で孤軍奮闘して頑張る姿がそのまま現れています。これらは，①の生活感覚に近いイメージ層とみることができます。

　閉眼イメージの吃音の事例（2）の3回目のイメージ・セッションで，クライエントは，「怖い壺にも入ってみようと思います」と言います。その時のイメージでは，吃音の症状形成に関わると考えられる「（叱責の際にクライエントを叩いていた）手」や，「（自分を見る）人の目」の入った壺が現れました。これは，吃音の症状と関係するものを象徴的に表すイメージで，②のイメージ層に当たるものと考えられます。

　さらに，閉眼イメージの母親との葛藤の事例（5）では，終結時にクライエントが語る「光の中に差し伸べる慈悲深い手が見える……今，私に鳩くらいの羽が生えてきている……まだそれくらいの羽だから，すぐには近づけない……今だんだん羽が育ってきている」という成長への希望や予感を感じさせるイメージが現れました。また，本章前節の閉眼と開眼を併用した研究員の事例では，言葉による語りでは，論文が進まない焦燥感や将来が見えない不安が多く語られていました。しかし，イメージに導入してみると，早い時期に，怖いものが入っていると思って覗いた大きな壺が，意外にも，中に光を湛えた安心感や優しさを感じさせる壺でした。それまでは，理想が自分の外にあると考えていたものが，実は自分の中にあることにクライエントは驚き，「自分も捨てたもんじゃない」と語り始めます。これらのイメージ体験について，「大事なものをみせてもらった。一生大事にしようと思った。自分という人間の核になればいいと思う」と言い，イメージがクライエントに希望の感覚を持たせたと言えます。これらは③の「深い安心感や希望に繋がるイメージ層」ということができると思います。

　④の「根源的な命や魂の回復と繋がるイメージ層」については，次の第Ⅲ部【展開編】の第15章で示した事例が当たるのではないかと思います。深い傷つきやトラウマからの回復過程では，この層でのイメージ体験が重要な役割を果たすと考えています。

第Ⅲ部

【展開編】

第14章

教育現場におけるイメージの活用

1. 大学生に対する「イメージ描画による感情調整法」の実践

　筆者は，大学で低年次生対象の心理学の授業を担当しています。そこでは，青年期の発達課題やアイデンティティーの模索と確立，対人関係などのテーマで講義をしたり，他者とのコミュニケーション体験を進めるためのグループワーク等を行っています（福留，2003）。これらの授業では，自己理解と他者理解をさまざまな角度から体験的に深めることを一つの目標に置いています。

　自己理解の方法として，心理学的な知識を取り入れるなどして，自分自身についてさまざまな視点から振り返る方法があり，通常は，内言による思考や内省，あるいは他者との外言による対話などを行うことで，思考を深めます。その場合は，言葉を道具にしてその作業が進められることになります。言葉を用いた方法は，言語の因果律的で論理的な特徴を反映します。一方，言葉を補うものとして，イメージを用いた方法が考えられます。これには，直感的で多様な要素を同時に提示できる性質があります。言語による理解とイメージによる理解は，相互に影響し合い，また補完し合う関係にありますが，一般の生活では前者が中心になることが多く，後者についてはあまり知られていないと思います。しかし，言語的な思考による方法で行き詰まった時には，イメージを用いた方向から角度を変えてアプローチすると，意外な展開の糸口を見つけることができることもあります。特に，知的な思考の側面を重点的に鍛えられている大学生の多くは，対人関係や人生の展望について困難を感じた時も，生真面目に論理的な思考を重ねて解決策を見つけようとする傾向が強いように感じられます。

そこで，成長期の学生たちに，今後の人生における自己理解の一つの方法として習得してほしいという思いから，筆者は次に示すような「イメージ描画による感情調整法」を授業で実施するようになりました。この方法の第一の目的は，自分の現状と関連したイメージを感じ，それを描画として表現して，自己理解の一端を得ることです。第二の目的は，描かれたイメージを見て，自分の気持ちを確認しながら，その感覚を基に補給したいもの（あるいは削除したいもの）を描いてもらい，自己理解の連想を深め，「安全感覚」を回復あるいは修復することにあります。

次に，この方法の手続きについて，紹介します。

(1) 導入の手続きと教示
①準備段階
まずイメージ体験への動機付けを高めるため，イメージを手掛かりとした物事の理解の特徴について，言語を使った思考と比較して説明をします。直感的な把握，非論理的な展開，感情や身体感覚などの内界との繋がり，意識レベルでは気付かない深い知恵を含む可能性など，その特徴について例を挙げながら話します。

その後，イメージをその場で実際に体験してもらうために，「では，今ここで"海"を思い浮かべてみましょう」と教示します。本書の【案内編】の要領です。受講生一人一人が，自分のイメージ内容について丁寧に確認する時間をとります。その後，イメージがより明確になるようにいくつかの質問を行います。「どんな海でしたか？」「波の様子は？」「空の色は？」「浜辺の様子は？」「波の音は聞こえますか？」「潮の香りは？」「季節はいつ頃の感じがしますか？」「それは，どんなところからそう感じるのでしょう？」「その海を眺めていると，どんな気分が感じられますか？」など，幾人かの学生に尋ねて回ります。

これらの質問に対する学生たちの応えは，通常十人十色でさまざまです。その回答を聞いている他の学生たちは，自分のイメージとの違いから，イメージがその個人に固有の心理活動であることを理解するようになり，徐々に興味を喚起されるようです。この質問には，二つの目的が含まれています。第一は，イメージというものが，なにか特別のものでなく，誰でも普段に経験できる心

理活動であることを実感してもらうことにあります。第二の目的は，イメージが単に視覚的な心像を意味するだけでなく，五感や感情や身体感覚などと繋がりがあるということを体感してもらうことにあります。

②実施段階

次に，以下のような教示を記したB4大の用紙を配ります。教示Ⅰの文章を読み上げ，その後約30分かけて思い浮かんだイメージを絵として描くように伝えます。学生全体の仕上がり具合を見ながら，教示のⅡ，Ⅲへと移ります。実施中に，疑問に感じたことがあればいつでも挙手をしてくれるようにと付け加えます。

　教示Ⅰ：「今のあなた（の状態）を，何かの物あるいは何かの風景に例えるとしたら，どんなものが思い浮かびますか？　絵に描いてみてください」「頭の緊張をとり，少しぼんやりとした心持ちでいると，浮かびやすいでしょう。急がないで下さい。気持ちをあれこれ漂わせていると，何か浮かんでくるかもしれないので，待っていてください」

　………………（絵を描けるだけの空白部分を用意する）…………

　教示Ⅱ：「今あなたが描いた絵を眺めていて，『ここに〜があったらいいのに』とか『〜であれば，今より楽（いい状態）かもしれない』と思う物（状態）があれば，上に描き加えてください。（逆に）『〜がなければ，今より楽かもしれない』と思うものがあれば，消してみてください」

　教示Ⅲ：「最初の絵に何が加わりましたか（消されましたか）？　最初とその後の絵を眺めて，どんな感想を持ちましたか？　また，気持ちになにか変化がありましたか？」

③終了段階

ほぼ全体の手が止まったことを確認して終了します。最後に，聞いてみたいことのある人，気分がすっきりしない人は必ず教員のところに来てくれるように伝えます。

学生たちが描いた用紙は授業後に回収し，コメントを書いて次週以降に返却し，必要な場合は個人的にフォローをします。

(2) イメージ描画の内容分類

ある年の様子について，紹介してみます（福留，2003）。224名の受講生のうち，なんらかの描画を描いていた者は216名（96％）で，イメージが浮かばなかったと書いていた者が7名（3％），イメージは浮かんだが絵に描くことができなかったという者が1名でした。216名の描画を大まかなテーマに従って分類をしました。以下にその代表的な分類カテゴリーと，自由記述および描画の例を示します。

①現状の打開と発展を希求するもの

「初めの絵は道路（ほんとはどこでもいい）に上から岩が落ちてきたという絵を描いて，後ではそこいらに花が咲き始めた絵を付け加えた。一見すると，なにかよくないことでも起こったような感じをうけるかもしれないが，実はこれは私にとっては最近の自分の行動を反省させられる，いい意味でのショックを受けたことを表したつもりである。花を描いたのは，それがきっかけで物事や私自身がいい方向に進んでいけばいいなあという思いを込めてのことである。（描いたことで）実際に気分もよくなっている」（図14-1）

「川の流れの中に3個の石（を付け加えた）──直感的に描いたというより，この1週間ぐらいずっと考えていたイメージになってしまった。悩みがあって，一人だけ急流に取り残されているような感覚をずっと抱いていた。船や立派な橋なんかいらないから，少しでも流れが穏やかになってくれたらと思っている。泳いでわたる（悩みを解決するために行動をとる）きっかけがほしい。でも，こうやって描いてみたら，頑張れば渡れるかもと思うようになってきた。頑張って行動してみようと思った。」（図14-2）

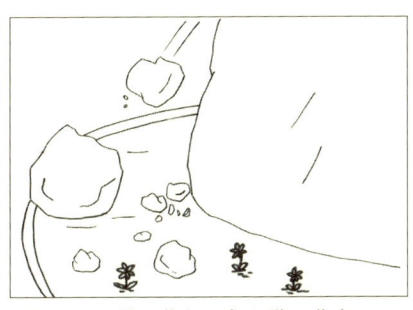

図 14-1 岩が落ちてきた道に花を……　　　**図 14-2** 急流に石を……

②成長・自立を希求するもの

　「横の（左下の）小さい木が大きく成長する状態と，もう一つの（左側の）太陽が加わった。小さくて根も弱く，発展途上の，もしかしたらこのまま枯れてしまうかもしれない（小さい）木が自分だと思う。隣にある（右側の）大きな木に守ってもらっている一方で，逆に，日の光を遮られたりして成長を阻害されている感じがする。隣の木と同じくらい成長していくには，もう一つの太陽があって自分を助けてくれたら楽だろうなと思って左上に太陽を加えたけど，やっぱり二つの太陽はありえないから，自分が成長するには，自分の力で根を張って，空に向かっていかなければだめなのだということを改めて感じた」（図 14-3）（口絵参照）

　「私は，加えるというより，取り除きたい物があります。柵がなかったらよかった。そしたら，自由になれるのに」（図 14-4）

③進路を照らす光や道しるべを希求するもの
　"照らす光が必要"
　「暗くて先の見えない海を当てもなく泳ぐマンボウの絵に道を示すようなライトや電球の絵を描き足した。あまりいい印象の絵ではないと思った。自分のことに対する迷いを感じた。絵に描いてすこしすっきりした気分がする」（図 14-5）

図 14-3　自分の力で根を張り，空に向かって伸びなければ……

図 14-4　柵がなければ，自由になれるのに……

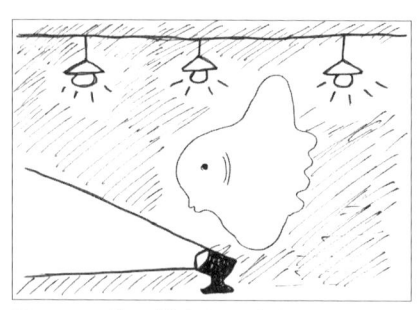

図 14-5　先の見えない海を照らすライトがあれば……

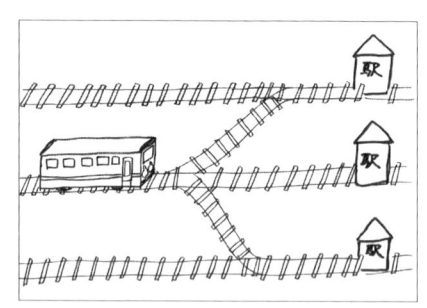

図 14-6　闇雲に走るのではなく，目的地を……

"将来に向けた道しるべ"

「最初は電車と線路だけだったが，それに駅を付け加えた。線路が何本もあるのは，電車（自分）が，その時の考えや気分に応じて行動を変えるという意味だ。駅を付け加えることで，闇雲に走るのではなく，自分の目的地に向かって進むという意味合いが増した。最近では，後のことを考えずに行動することがあるので，もっと目的意識をもって，それに向けての行動を大切にしていこうと思った」（図 14-6）（口絵参照）

図 14-7　手があれば，生まれる何かは無事かな……

図 14-8　楽器にオイルと楽譜と……

④支えや援助，保護を希求するもの

「左下の手を加えた。卵から何か生まれるとき，テーブルから卵が落ちても，生まれる何かは無事かな。安心した。」（図 14-7 参照）（口絵参照）

「最初は楽器（トランペット）だけだったが，オイルが加わった。メインテナンスには欠かせない。次に楽譜が加わった。アドリブもかっこいいが，やはり楽譜があったほうが安心するだろう。そして，音が。いつまでも頼りっぱなしではいけないと思うが。もっと時間があったら，まわりに仲間（楽器）をたくさん描いただろう」（図 14-8 参照）

⑤仲間の存在を希求するもの

「洞窟に扉をつけて，中に焚き火を描きました。最初の絵は不安な印象だったけど，描き加えた後は少し落ち着いたような印象になりました。でも，書き加えた後の絵をしばらく眺めていて，また不安になってきました。このままでは，私はここから出られないんではないか……というような。その後，左側の人をかきました。そうすると，気分が楽になりました」（図 14-9）

「（男性の天使の横に）女性の天使を加えた。気分が変わったと言うより，落ち着く感じがします。男性の天使だけだと，何か物足りなさを感じます。何かこの絵に対して，嫌なイメージとかはまったくないです。馬鹿らしい絵だけど，何かよい感じだと思います。」（図 14-10）

図 14-9　焚き火を一緒に囲む人を…… 　　　図 14-10　女性の天使もいたら……

⑥温かさ（暖かさ）・ゆとり・潤いを希求するもの
"温かさ（暖かさ）の希求"
「僕は絵が下手なのでうまくかけませんが，まず冬の山や山道を思いつきました。最近けっこういろんな面で生活が苦しくて，なかなか思うように人生が進まないので，かなり冷たい孤独なイメージがすぐに思いつきました。そして，書き加えたのは，屋台です。僕はよく屋台に行くのですが，特にこの先寒い季節になると，ラーメンなどが体が温かくなって，いい気分になります。今僕はいろいろな面で悩んでいます。その中で，体も心も温まるようなものが欲しいと思いました。少しでも，いい方向に人生が進んでほしいと思います」（図14-11）

"自由やゆとりの希求"
「（時計に）自由が加わった。今，現在の状況では時間ばかり気にして時間に追われている状況だが，自由が加わることにより，それが少し緩和され，楽な気分になることができた。できるだけ，自由なひと時を探していこうと思う」（図14-12）

（3）イメージ描画に表れた現状認識と描画後の気分の変化
①現状認識の分類
1.「困難な出来事や日常」
2.「ひ弱な成長途上の姿」
3.「先の見えない状態」，「進路に迷っている状態」

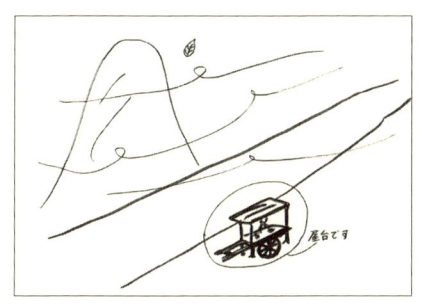

図 14-11　冬山に屋台があれば……

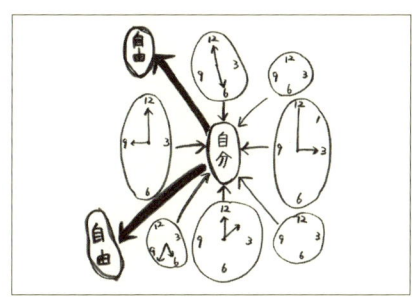

図 14-12　時間に追われた今，自由がほしい……

4.「心細い不安な状態」
5.「孤独で寂しい状態」
6.「生活が苦しく，余裕のない状態」

②描き加えたものの分類
1.「解決の糸口」
2.「成長のために必要なもの」
3.「行く手を照らす光」,「道しるべ」
4.「支えや援助」
5.「仲間の存在」
6.「温かさ（暖かさ）や自由，ゆとり」

③描画後の気分や思いの変化
　よい気分への変化：「すっきりした気がする」,「随分楽になった」,「安心感を感じた」,「幸せな気分になった」,「なんとなくほっとした」,「落ち着く感じがした」,「雰囲気が和やかになった」,「よかったなーと思った」,「ゆったりした気分になった」,「楽な気分になった」,「穏やかな気持ちになった気がする」
　希望：「頑張れば（川を）泳いで渡れるかもと思うようになってきた」,「今まではダメだったけど，これからはよくなるのではないかという気分になった」
　自分を鼓舞し，勇気づける態度：「もっと目的意識をもってそれに向けての

行動を大切にしていこうと思った」,「頑張って行動してみようと思った」,「自分が成長するには自分の力で根を張って，空に向かっていかなければだめなのだということを改めて感じた」

　現状打開の具体的な方向性：「積極的にやり甲斐を感じられることを見つけたり，友人を増やしたりすればいいと思った」,「出来るだけ，自由な一時を探していこうと思う」

　「イメージ描画による感情調整法」は，自分の状態についての現状認識を直感的なイメージとして捉え（目的1），自己が希求する状態についての理解や気付きを促し，「安全感覚」を修復する（目的2）ために，各人のイメージを活用する方法です。この報告では，約9割以上の学生が何らかの"絵"としての表現をすることができましたので，自己理解の一技法としてのイメージ法の可能性を示唆するものと考えられます。しかし，何も浮かばないという学生も数パーセントはいましたし，視覚的な表現が困難な学生もいると思われるので，彼らへのフォローや別課題を用意する等,適切な対応が必要になると思います。

　大学1, 2年生の自己についての現状認識を，描かれた絵から見てみますと，「困難な出来事や日常」,「ひ弱な成長途上の姿」,「先の見えない状態」,「進路に迷っている状態」,「心細い不安な状態」,「孤独で寂しい状態」,「生活が苦しく，余裕のない状態」などが表現されました。全体に不安や迷いを感じさせるものが大勢を占めています。興味深いことに，文章による自由記述式の方法で，自分について感じていることを書いてもらうと，イメージ描画の内容分類とほぼ近いものが出てくるように感じています。中でも，「ひ弱な成長途上の姿」,「先の見えない状態」,「進路に迷っている状態」は，学生期特有の不安を表していると言えるでしょう。

　そのような状態や状況に対して，彼らがイメージの中で希求するものは，「解決の糸口」,「成長のために必要なもの」,「行く手を照らす光」,「道しるべ」,「支えや援助」,「仲間の存在」,「温かさ（暖かさ）や自由，ゆとり」などでした。

　希求する対象のイメージを絵の中に描いた後の気分の変化は，「すっきりした気がする」,「ずいぶん楽になった」,「安心感を感じた」,「幸せな気分になった」,「なんとなくほっとした」,「落ち着く感じがした」,「雰囲気が和やかになった」,「よかったなーと思った」,「ゆったりした気分になった」,「楽な気分になっ

た」,「穏やかな気持ちになった気がする」などと表現しており,よい気分への変化が体験されていることがわかります。また,そのような気分の変化だけでなく,「頑張れば（川を）泳いで渡れるかもと思うようになってきた」,「今まではダメだったけど,これからはよくなるのではないかという気分になった」というような希望を抱いたり,「もっと目的意識をもってそれに向けての行動を大切にしていこうと思った」,「頑張って行動してみようと思った」,「自分が成長するには自分の力で根を張って,空に向かっていかなければだめなのだということを改めて感じた」などの自分自身を鼓舞し,勇気付ける態度,「積極的にやり甲斐を感じられることを見つけたり,友人を増やしたりすればいいと思った」,「できるだけ,自由な一時を探していこうと思う」など,現状打開の方向性を具体的に見つけようとする態度が生まれていました。一方,「気分の変化は特にない」と記述している者もいました。

(4)「イメージの外在化作業」で起こる自己認識の深まり

　内的なイメージは,絵に表現するなどの「イメージの外在化作業」をすることで,明細化が進み,体験の深化が進むと考えられます。単に内的に体験されている段階では,本人自身も自分がそのようなイメージを持っていたことに気づいていない場合が多いのです。

　それは,カウンセリングにおいて,クライエントがセラピストに対して言葉で語るプロセスとよく似ていると思います。言葉として表出することによって,内言が外言になり,自分はこんなふうに感じていたんだなと気が付いたり,不確かな部分をセラピストから質問されることで,そのことを再考し,整理し,さらに思考の深化がおきるというようなプロセスと似ています。イメージ体験を基に描画として表現する「イメージの外在化」作業では,イメージ体験者とセラピストの間で起こる語りや明細化のやりとりが,イメージ体験者自身の中で,自問自答を繰り返すという形で起こると考えられます。セラピストがイメージ体験者の語りを聞いて質問を投げかけるのと同様に,体験者自身が自らに問いを向けていると言えるでしょう。

　このように,イメージを絵に描くことで,イメージ体験者は自らのイメージとの対話を行いやすくなるのではないでしょうか。特に,イメージ体験の初心

者にとって，イメージは曖昧で，確信がなく，移ろいやすいものなので，絵という外的な表現に変換することで，内的なイメージとの照合作業が行いやすくなります。視覚的に何度も確認できる絵は，自身へ向けた自問自答のプロセスを助けるために，重要な役割を果たすと考えられます。

2. イメージを用いた自分との付き合い方についての比喩的メッセージ：「自分という馬との付き合い方」

　自分のことを諦めて投げ出しそうになっているクライエントや，自分をいじめているようにも見える，自分に厳しすぎる若い学生たちに向けて，よく話す比喩があります。それをここで紹介したいと思います。
　「まず，自分が自分という馬に乗っていると想像してみてください。（車の方がピンとくる人はそれでも構いません。）自分は，この馬（車）と一生，一緒に人生を生きていきます。人の馬と交換することはできません。他人の馬が自分のより賢くて，美しく，足の速い駿馬のように見えたとしても，交換することはできません。私はずっと，自分というこの馬と生きるしかないのです。
　だとしたら，この馬とどう付き合っていったら，この馬が活き活きと長く力を発揮してくれるだろうかということを考えてみてください。走らせるだけ走らせて，あとは水も与えずほったらかしにしていないでしょうか。他人の馬を羨み，自分の馬を見下し，非難ばかりしていないでしょうか。そんな待遇を受けた馬が，活き活きと元気に力を発揮できるでしょうか。
　100メートルを走った後は，走ったことを褒め，水を十分に与え，しばらく休ませることが必要でしょう。「よく走ったね」と言って毛並みを整えてあげると，馬は喜んで次の英気を養うことができるでしょう。100メートル走ったが，思うように結果が出なかった時，この馬を責めてはいませんか。責められるべきは，馬ではなく，この馬への接し方にあるのではないでしょうか。
　自分の馬はもうダメだと言って，馬の手綱を離していませんか。手綱を時に緩めることは必要です。でも，手元から離してしまうことはしないでください。手綱を握っている限り，馬と一緒にやっていくことはできるはずです。手綱を離していると感じているなら，手探りして手繰り寄せてください。

自分の馬との付き合い方とは，別の言い方をすると，セルフケアや自分自身のメンテナンスを大事にするということです。人生は100メートル走ではなく，もっと長く続くのですから，そのことも見据えて，馬が長く活き活きといられるように上手にメンテナンスをしながら，毎日を過ごしてください。」こういう話を時々します。

　これと関連して，数年前にブータンの国王夫妻が来日した際のエピソードで興味深いことがありました。東北の大震災で被災地の小学校を訪ね，子ども達に次のような話をされたそうです。「人は心の中に，誰でも自分の"龍"を持っています。この"龍"は，経験を食べて育ちます。成長するにつれて，この"龍"はだんだん強くなります。どうぞ，"龍"を大事に育ててください。」というような趣旨だったと記憶しています。自分の中に大事なものを育てるという時に，具体的なイメージを描いて伝えると子ども達にもわかりやすくなるだろうと感じました。

第 15 章

Aさんの5年間にわたるイメージの展開と15年後の変容

　第Ⅰ部【理論編】の第6章で紹介したAさんのイメージ・セッションは，その後もAさんの希望でほぼ1週間に1度のペースで，約5年間続けられました。フロム（Fromm, E., 1951）が神話について，「過去の記憶が大事にしまい込まれている」と言ったように，その展開は，さながら神話や昔話を彷彿とさせる内容を含むものでした。そして，さらにその約15年後にAさんと再会し，その後のイメージの変容を聞く機会がありました。それらについて掲載の許可を取り，原稿にも目を通していただきましたので，ここで紹介したいと思います。（♯は面接回数，♭はイメージ・セッションの回数です。）

1．5年間のイメージの展開

(1) イメージや夢に現れ始めた体験様式の変化
（イメージ開始2〜3カ月後）
　イメージ法を導入して数カ月の間に，無理な状況でもひたすら前に進もうとしていた展開から，山登りの途中で，疲れたので山寺で休むというイメージが体験された後，夢にもいろいろな変化が現れました。長年，「電車に乗り遅れるとか，なかなか辿り着かないという不全感を残す夢」を繰り返していたのが，そういう夢が少なくなり，「出かける前に来客があってバタバタとして，でも電車に乗り遅れることはなかった。その時の『行っているなー』という感じや，『なんだ行けてるじゃない』という感じ」（♯13）を残す夢の報告がありました。また同じ頃，「庭でできた形の悪い大根を料理して食べたらおいし

かった」という短い夢が報告され,「こんな満足感を残して目覚めた夢は本当に珍しい」(♯17) と語られました。夢やイメージ体験と関連して,「おいしいと思って食べたという記憶がない。食べたい物とか欲しい物について子どもらしい欲求を出したら叱られるという感じがある」(♯20) と, 幼少期の思い出と現在の自分の感じ方との繋がりについて語られました。

(2) イメージ層の深化に伴うペースの調整：イメージ体験中の体調不調
（イメージ開始後5カ月）

夢にさまざまな変化が現れ, イメージを始めて5カ月が経過した頃から, イメージの場面が乳房や髪の毛が近くに感じられるシーンから始まるようになりました。すると, 過去のより深い層に触れることに対する抵抗のように, 途中で体が回る感じがするなど気分が悪くなり, はっきり見えなくなることが続きました。そのような時, Aさんは,「思ったようにスースー行きませんね。早くどうなるか見たいのに」と, イメージが進まないことが残念な様子でした。しかし,〈気分が悪くなるのは, からだからの大切なサインだから, それに十分気をつけて進めましょう〉と, からだの調子に従うことが大事と説明をして, 逸る気持ちを宥めてもらいました。この間は夢や日常の出来事について対話をして過ごしましたが, それから2カ月が過ぎる頃には,「古い取っ手のドアの向こうに温かい光の射す部屋」(♯25, b 11) が見え,「懐かしい人の温もり」を感じると語り, 体調も納まるようになりました。

(3) イメージ層の深化：動物たちの島の出現, 攻撃と傷つきと手当て
（イメージ開始後7カ月）

やがて,「ヘビやトカゲや魚が一杯いる島」(♯28, b 13) でさまざまなストーリーが展開するようになりました。同時に, イメージの開始時と終了時に教示で設定していた「イメージの幕」が, 黒い緞帳の「イメージの幕」と白くて薄い「スクリーンの幕」が2枚出て, 終了時には深い眠りから覚めたように「あー, 眠っていたみたい」と目をこすることが続きました。

「島」では,「怪我をしたツバメを病院に連れていく」ことに初めは躊躇していましたが,「滝を落ちる籠の中の赤ん坊を助けて, 人が優しく抱く」場面,「ハ

サミで足を切られた人形を女の人が猫と一緒に助ける」(♯43, ♭27) 場面が続いた後に，Aさん自身は，「"助ける"とか"優しくする"ことに昔から罪悪感を感じていた」と語ってくれました。そして，「女の子とおばあさん，それぞれの腹から小動物が生まれ出て，口から魚がいっぱい出てくるイメージ」(♯44, ♭28) が見られた後は，長年サークルで習っていた外国語が，次々に口からついて出てくるようになり，その様子に周囲が驚いたという日常の出来事が話されました。

イメージを始めて1年が経過する頃に，強く印象に残る夢の報告がありました。「統合失調症で入院していた自分が退院することになって，荷物を整理している。その時に，この前のイメージで口から出てきた魚を鞄にいっぱい詰め込んで，退院の仕度をしている」(♯46) という夢でした。「統合失調症」についての連想を尋ねると，「洋服もおもちゃも友達も選ばれていた抵抗できない受け身の状態，初めは抵抗するけど諦めて狂気の世界に入っていく感じで，思春期の頃白昼夢をよく見ていた」と語られました。

(4) イメージ層の深化とイメージの幕の重層化：繰り返す攻撃と傷つき，その手当て／恐怖対象への感情移入

(イメージ開始1年)

イメージを初めて1年 (♭31) が経過する頃には，シャッターのような「スクリーンの幕」と，レースやギャザーの飾りのある青，紫，赤の5枚の「綺麗なイメージの幕」が現れるようになりました。

「部屋の中でクリスマスケーキがテーブルから落ちて，それがヘビに変わった。床を這い回っている時にガラスの破片で怪我をしたよう。手当てをしてあげたらいいけど，気持ち悪いからいや。でも，助けてあげたい。救急車が出てきた」(♯50, ♭33) というイメージでは，助けることへの葛藤は依然としてありましたが，恐怖や気持ち悪い対象としてのヘビを「可哀想と感じたのは初めて」と語られました。また，「きつねが調教師の体の一部を食いちぎった。調教師は自分で手当てをしている。」(♯52, ♭35) というイメージでは「きつねは，よっぽどお腹がへっていたんだな，満足したみたいだなあという感じ。このように怖い方の立場のことも感じられたのは初めて」と，恐怖対象への感情移入が起こり始めました。

（5）イメージの幕の更なる重層化：女の子の旅立ち，動物たちもそれぞれの「居場所」を求めて大移動を始める

（イメージ開始1年を過ぎて）

やがて，「女の子が旅に行くような格好でいる。私はその後ろにいる。山のふもとに扉があって，その中の魔法使いのおばあさんが，女の子に水筒とパンをくれ，歩きやすいようにリュックにかえてくれた。女の子が『一人じゃ怖いから，一緒に行こっ』て私の手を引っぱっている。向こうに町が見えてきた」（♯53，♭36）と，女の子の島での旅が始まりました。

旅の道中では，「ヘビ使いのおじいさんが小屋の中の壺にヘビを入れて，蓋はしないで，小屋を閉めて出てきた」（♯53，♭36），「赤ん坊を抱いた女の人が，飛びまわる男の子をもう片方に抱えた。男の子はだんだん眠くなって，ベッドのある部屋で寝かせてもらった」（♯57，♭40），「子どもが女の子と男の子の二人になった。むこうに池があって，ヘビも気持ち悪い大きな魚もいっぱい泳いでいる。ヘビが柵を乗り越えそうなので，ヘビ使いのおじいさんがヘビを小屋の壺に入れている。壺が足りなくて，小屋に地下室ができた。ヘビはそこに入って行っている。ヘビと一緒に地下室に行った魚は，池に戻っている。ヘビ使いのおじいさんが，池にヘビが混じっていないか苦労して選り分けている」（♯59，♭42）というイメージの後，「それぞれにいい場所に行ったかな」と一安心すると同時に，「私もどこか行きたい所が決まるでしょうか？」と期待と不安の混じった気持ちが語られました。このイメージ・セッションでは，終了時に，今までの5枚のイメージの幕に加えて，向こう側に2枚の扉と手前に柵も加わるようになりました。

「男の子と女の子が旅を続けている。私は傍で見ている。谷の向こうではライオンたちが，ずっと向こうを目指しているみたい。途中で谷間に落ちてしまったりしながら，ずっと行っている。あー，向こうにジャングルがあるんだ。山をいくつもこえて，ずっとずっと向こうに行っている。ライオンに続いて，トラ，シマウマ，象もいる，ゴリラも，今は熱帯に住む色鮮やかな鳥達，蝶々も，虫も。行列はまだまだ続きそう」（♯62，♭44）と，「それぞれにいい場所」を求めて移動する動物たちの壮大な行列が現れました。

日常生活では，「職場で同僚から文句を言われたけど，引きずらなかった。

友人に愚痴を言っておしゃべりして解消した」と，不満を溜めずに解消している様子が報告されました。

(6) 女の子と男の子が成長して，結婚／島に大勢の人々や漫画のキャラクターが集う／誕生の苦しみ

(イメージ開始1年半)

イメージを始めて1年半が経過した時期には，先の女の子の旅に男の子が加わり，さらに「男の子と女の子はもう子どもじゃない。……ヘリコプターが島の浜辺について，そこから人がいっぱい降りてくる。その中に，鉄腕アトムとお茶の水博士が他よりはっきり見える。鳥，セーラームーンもいる。……男の人が浜辺にぐったりしている。男の人をお医者さんにみせるために街の病院に行きました」(♯64, ♭46)というイメージでは，アトムは幼少期の「私の恋人だった。ひさしぶりに会ったという感じがして，すごく不思議」と，幼い頃親しんだ漫画のキャラクターたちとの再会を体験されました。

やがて，「成長した男の人と女の人の結婚式があり，結婚したふたりは(以前のイメージに出てきていた)男の子と女の子，その前の女の子も一緒に連れていきたいと話している。画面が，島の場面と子どもたちのいる場面とに半分半分になって，間に通じる穴があいて，みんなが合流して，子どもたちは大喜び」(♯66, ♭48)，「小学校の中庭で飼われていた雌のクジャクが，鳴きながら口から何かを産み出している……いろんな生き物の破片みたいなのが生まれている…鳥の顔，ねずみの内臓，生まれる方も産む方も大変で苦しそう。だから，生まれる時に傷ついて破片になってしまうみたい。鶴の顔が出てきた，あー鶴だけは体全体そのままで出てきて，空まで飛んで行った。やっぱりここが一番よかったと思っているみたい。いろいろ傷ついたけど，鶴は羽を広げて空を飛んでいるのが一番いいみたい」(♯69, ♭51)というイメージが続きました。

この時期に，Aさんは自身のイメージの経過を振り返り，「①以前の初めの頃の山島海のイメージの構図。その頃の山は岩山，島には何もなく殺風景だったのが，今，同じような構図がまた出てきているけど，山は緑で木が沢山はえているし，島には沢山人がいて，ずいぶん豊かになったなあと思った。②山を見たら，すぐ登りたくなっていたし，洞窟を見たらすぐ入ろうとしていたけど，

今は少し待とうかとか,危ないかもしれないから入らずにおこうとかまず思う。③ワニやヘビ,さそりなどが沢山出てくることについては,自分には随分怒りが処理されていないんだなと思う」と,感想を語っています。

(7) 昔体験した感情や身体感覚が,日常的に近いものとして追体験された
(イメージ開始後2年)

　この時期も,依然として攻撃による破壊や傷つきのシーンを多く含んでいましたが,獰猛な動物の動きが弱まったり,慰める動きも見られるようになりました。「森で鳥がワシやカラスから襲われて骨だけになった……残酷……大勢の人が集まっている広場にワシやカラスが来て人を襲おうとしている……私が見ようとしたらカラスが何かに変わって下に落ちていった……私がよく見たら何かに変わるので,ワシやカラスが恐れて森に身を隠した」(#81, b 62),「トラが人を食べて,トラの皮が落ちた所から男の人が出てきた…ヨタヨタ山の方に歩き出して……そこで犬と猫になった……犬が猫を追いかけて,木の上でひっかき合いの喧嘩……猫は体中に怪我をして,山道をヨタヨタと登っていく……犬も傷を負って,広場にうずくまっている……猫は山の方に登っていったけど,行き場がないようで,広場に戻ってきた……猫は犬の傷を舐めてやっている……そうしているうちに,犬と猫は,馬とヘビにかわった……ヘビが馬の体を舐めるように,体中を這い回っている……ヘビは,山の方に登っていった。馬は広場にいる」(#82, b 63)。

　イメージについては,「以前は,先が早く見たくて気が逸るという感じだったけど,今は,何か癒されているという感じがする。イヤなものにふれているというか,私にとって大事な時間。対人的には,前は,人から嫌われるかもと思うと先に先制攻撃をかけたり,逃げたりしていた。今は,人から嫌われているのか本当はわからない。もし,嫌われていたとしても,私の人生はかわらないと思うようになった。耐性がついてきたと思う」(#79)と語っています。

　また,Aさんのイメージ内容は,大きく分けて,島や海,山の自然界で繰り広げられる物語と家の中で起こる出来事に分類することができました。この時期は,家での風景が多く現れましたが,「家のことが出てくると話しにくい」と言われ,イメージ・セッションでも沈黙をはさみながら,多くを語られませ

んでした。しかし，日常生活ではイメージと関連する行動や，昔の感情や身体感覚が追体験される様子が報告されています。

「最近，祖母が私に抱いていたであろう感情を私の子どもに対して感じる。いろいろ不安で行動を制限してしまう。一つは，おばあさんだから，そう思うのも無理もないというのと，もう一つは，そこまで制限することはなかったんじゃないか，その制限によって，すごく大事な体験をせずにきたんじゃないかというような気持ちの両方がある。そのような気持ちと同時に，そのように制限された時の感情ではなく，体の方に感じる体のだるさ，無気力な力の入らない感じも一緒に思い出す。……今，古いものがすごく近くになって出てきている」と語られ，さらに「イメージの初めに毎回見えるフワフワは，祖母が編み物をよくしていたけど，そのモヘヤの毛足の長い毛糸玉に一番近い」(#81, b 62) という気づきもありました。

(8) イメージの全景が見渡せ，輝く未来都市の出現／獰猛な動物たちがそれぞれの「居場所」に落ち着く／恐怖対象の細部まではっきりと見え，恐怖を感じなくなる

（イメージ開始2年半の頃）

「女の子がヘリコプターから海に落ちた……鶴と一緒に海を泳いでいる……小島に着いた……向うに光る未来都市が見える」(#83, b 64)，「山に登ったら……見晴らしがよくて……海……女の子と鶴のいる小島……水平線の向こうに……銀色に光る未来都市……こっち側に初めの頃見たそびえたつ岩山がみえる……岩山が崩れている……山が崩れた後に……すみれやマリーゴールド，チューリップが咲いた……崩れた岩山から……ワニが出てきて，洞窟に入って川に行った」(#84, b 65)，「洞窟の向こうが森みたい……そっちにいったら気分よさそう……中から色とりどりの箱が出てきて……大きいのを開けたら何もなくて，次のを開けたら，あの未来都市の光る色をした（ずっときれいだから，いつも出てこないかなと思っていた）蝶々が出てきた……すごくきれい……他のをあけたら紫色のバッタがでてきた……みとれている」(#86, b 67) など，美しい光景が現れるようになりました。

一方，「扉がいくつもある。一つ開けたら……ワニとか出てきて……でも，

あまり驚かない,『あー,ここは,これたちのいる所だったのか,ここは違う』と思っている。……崖の細い道の先に他の扉……ここからは,鳥,フクロウ,ワシ……ヘビ(『このへびはいいへビ』と言う)が出てきて,これを見る時も『あー,ここはここだったのか,違うと思う』と思って通りすぎる……」,「今迄になくヘビやトカゲがリアルに見えた。ヘビの胸のうろこなどが目の前に見え,ヘビの口から出る舌などもはっきり見えるのに,あー虫じゃないから大丈夫とか,毛虫も大きな毛がはっきりみえるのに,刺されても腫れるだけと思ったりしている」(#87,b 68)など,恐怖対象に対する気持ちの変化が見られました。

日常生活では,「以前は昼寝とかできなかったけど,今はちょっと寝て,リラックスして,また起きることができる」,「昼間仕事したら夜は机に向かえなかった。今は,トラブルがあっても一日寝ればすむ。切り替えがうまくなった」などの報告がありました。

(9) 傷ついたキリストをみんなで助ける／人々と動物たち,漫画のキャラクターたちも「居場所」に落ち着く

(イメージ開始後2年半が過ぎる頃)

人や動物たちの大移動の道中に,傷ついたキリストが現れ,次のようにみんなで助けます。「ライオン,インディアンの少年,女の人,アルマジロが並んで進んでいる……道はかなり細く,下は崖で,慎重にゆっくり進んでいる……地下に通じる道が途中にあって,下の方から服も髪もボロボロの男の人が出てきた……十字架にかけられる前のキリストみたい……その人をみんなで助けて,水を飲ませて……アルマジロにのせて進む……向こうの方に教会がみえる……その人を助けるためにそっちの方に進む……教会についた……手当てをして,水を飲ませ,みんなも水やジュースをのみ,動物は外で食べ物をもらっている」(#88,b 69)

「みんなで(女の子,女の人,インディアンの男の子,男の人,アルマジロ,ライオン)歩いている……上半身裸のキリストは元気になった……あー,洞窟を出たらジャングルだった……ヘビが一杯いる……ここにいるものという感じで,何も思わない……ライオンは,帰ってきたというような感じで喜んでいる

……人々は，こんな所があったのかとびっくりしている……小屋があって，中に百歳くらいの老人と男の子……その小屋の中に入ったら，みんながここに来るようになっていたみたいに，たくさんの皿が並べられていた……パイナップルやジュース，パンがおいしい」(#89, ♭70)

「鉄腕アトムがアトムのマンガの本の中に入っていく……お茶の水博士も……ページがめくれてそこに入っていく。ベルサイユのバラ……ヘビもヘビ女のマンガ……みつはしちかこのマンガとか……部屋の片方の壁にマンガの本棚がある……この中にみんな入っていく……少年ジャンプ……少女フレンド……なかよし……ビッグコミック，新聞とか……セーラームーンも入ったし……小さな犬が本をくわえて，出ている本を棚に入れている」(#90, ♭71)

「女の子が，花に水をやっている……リュックの中身がいっぱいにふくらんでいる……リュックを開けて，中を見ようとしている……最後にカメが出てきた……筆箱，鉛筆，小さい安いおもちゃ，車キャラメルとか，おはじきとか，ビービー弾，ヘビのおもちゃ，鉄腕アトムの人形，小さなマンガの付録本，水鉄砲，花火……それをかき集めるようにまた，リュックに入れている。土の上で見ていたけど，今度はミミズを棒でつついて遊んでいる。……青年が女の子の手を握って，山を下りたら……この前いた人たちがいた……みんなで，教会に入って……ここで一休みかな……外でお弁当か何か食べている。子どもが教会の人からおもちゃをもらって，喜んでいる。パイプオルガンを弾いているのを見ている」(#91, ♭72)

(10) 傷ついた女の子が弥勒菩薩のように光を放つ／女の子の世話をめぐる祖母，父母の確執への思い

(イメージ開始後3年目の頃)

「細い道をおばあさんが歩いている……山……丸い山が乳首みたい……おばあさんがひいていたトロッコに赤ちゃんが二人……乳首から乳が山のように出てくる……乳首の山で赤ちゃんが乳を飲んでいる。赤ちゃんは大喜び……体中お乳にそまりながら，一生懸命飲んでいる……トロッコに赤ちゃんを戻して，バケツで乳を汲んで乳母車に入れて，おばあさんが元来た道を戻っていく。……わらの小屋に入って，赤ちゃんを着替えさせて寝かせている。……その部

屋に男の人と女の人がいる……おばあさんがみそ汁とおにぎりを作って……庭で子どもたちはスイカを食べている……子どもたちは赤ちゃんと一緒に寝てしまった……おばあさんと大人たち（男の人，女の人，イエスキリスト……）は部屋の中でお茶を飲んでいる」(#92, ♭73)

「未来都市に通じると思って進んでいた道に大きなヘビが出てきて，女の子がかまれた……女の子の口から，天使みたいな羽のある人間がたくさん生まれてくる……女の子は時々違うものに変わる……鳥になったり，クジャクとか，カメ，白鳥，トキとか。女の子が目を開けた……水をごくごく飲んで……お腹の辺りから何か出てきた……ウンチみたい……すごく臭い……あー，でも女の子の顔が人間の顔になっているし，さっきよりもいい感じで寝ている」(#99, ♭80)

「教会はいつものようにミサ……その部屋でおばあさんが女の子の世話をしている……女の子が窓辺で外を見ていたら，青年や子どもたちが寄ってきた……女の子は頭の辺りの傷がまだ癒えていない……薬の匂いがする……体にも打撲やかすり傷がある……女の人が，おやつやジュースを持ってきてみんなで食べている……今，女の子がベッドに寝ているけど，光っていて眩しい……光が強まって……なんか弥勒菩薩が寝ているような……今度は銅のような鈍い光が部屋に満ちている。部屋の壁に菩薩像，阿修羅像，マリア像，キリスト像が出てくる」(#100, ♭81)

「教会の中……外は雪だけど，中は暖かい……クリスマスが近いので，教会は人が一杯……ツリーが飾ってある……女の子をおばあさんと阿修羅像が看病している……男の人と女の人はコーヒーを飲んでのんびりしている……『男の人と女の人は看病はしないんだなー』と思っている……『お父さんとお母さん（と言い換える）は看病しないんだな』と思っている……阿修羅が一生懸命に看病しているのに嫉妬しておばあさんが腹を立てて喧嘩になった……男の人と女の人がまあまあと間に入っている」というイメージ後に，「男の人と女の人，二人に父性や母性がなくてそうしているんじゃなくて，おばあさんに気を使ってそうしているみたい」と語られました。(#102, ♭83) 今まで「男の人，女の人」と表現していたのを，この回に初めて「お父さん，お母さん」と言い換え，父親と母親，祖母の確執や関係性についての語りが初めてありました。

（11）女の子の手当てと脱皮／ワニやヘビのメタモルフォーゼ／葬送
（イメージ開始3年が過ぎた頃）

「男の人が女の子に黒い漢方薬のようなものを塗っている……火傷みたい……今までの薬と違うので，すごく効いて，皮がすーと剝がれた……脱皮のよう……きれいな肌の女の子が出てきた。洋服を出して着ている……元気になっているみたい。……未来都市がバンバン爆発している。みんなは花火のように綺麗と見ている」（#103, b 84）

「教会の後ろに竜が現れた……ワニとヘビが呑み込まれて，その竜が熱帯魚とか，鳥とかにどんどん変わって……目が宝石みたいにすごく綺麗なうすいピンクで……一番最後にダイヤを生んだ。サソリが，ダイヤの中に納まってすごく綺麗な輝きの中にいる」（# 109, b 90），この回の最後の幕を閉じたのは，子ども時代に見た車庫のシャッターを閉めるお父さんの後ろ姿だと語られました。

「教会が前と違う……オリエンタルな雰囲気に変わっている。ヘビ使いのおじいさんが大きな壺を持っていて，大きなヘビに『入れ』と言えば，すぐに中に入る……笛みたいなのを吹いている。トラは村の向こうの土地が豊かになったので，そっちの方が住みやすいと言って移動している」（#112, b 93）

「浜辺に打ち上げられた死体……崖の上の方で男の子がじーっと見ている。……決心して下りてきて，死んでいるか確かめている……どうしたらいいかなと考えていたら，向こうからお坊さんがきた。下男が担架に載せて，棺に入れて，菊の花が飾られた。お坊さんは深々と頭を下げた。土人の村まで運ばれて，焼き場に持って行かれた。家ではいつもと違う料理で，子どもはジュース，大人は酒を飲んでいて，葬式の後なのに悲しい感じはなくて一仕事したという感じ」（#116, b 97）

（12）ヘビは焼き尽くされ，焼け跡の骨と歯から薬を作る／キャラクターたちに花束が贈られる
（イメージ開始後3年半）

「地下室にヘビのいた家が爆発した。……消防士は消す気がない。『残らずきちんと燃える方がいいんですよ』と言っている。なかなか燃え尽きない。地下までしっかり燃やそうと油を撒いたりしている。初めて，イメージしていて何

になるんだろうと思った途端，男の人が父になった。父は写真で見た若い20歳台の父，前は見たくない感じだったけど，今日は嫌悪感はなかった」(#117, ♭98)と，初めて"父"という表現をされました。

「男の子がヘビに足を噛まれた。教会の中で，中国人の男の人がヘビで作った薬で怪我をした男の子の傷を治療している……男の子は薬を塗ってもらって安心したみたい。土人の村で休もうと，みんながいる場所に移動……途中に小屋があって，凶暴なヘビが隠れていた。誰かが燃やそうと言って，火を放った。目の悪い女の人が火の横で見守っている。時々その女の人が怪物に変わり，ヘビが出てきそうになると目から光を放つ。急速に火が消えて，焼け跡から，中国人のおじさんがヘビの歯とか骨とか薬になるので取り出している。怖いけどみんな面白そうに見ている。誰かが燃えカスで焼き芋をやろうとしている。見晴らしのいい所でみんなで焼き芋を食べている」(#118, ♭99)，イメージ後，「最近父に対して少し気持ちが素直になれたかな。自分の気持ちを通した」と報告されています。

「湧き水からアトム，バルタン星人，小さい頃みたTVのキャラクターがどんどん出てくる。恥ずかしいくらいマンガの主人公が出ている。郷ひろみ，山口百恵，みんな出てきて記念撮影。小・中・高の時代を象徴するようなキャラクターみんなに花束が贈られている。ヘビ女にはドクダミ草の花束。本当にみんな全部違う花で，それを見ているだけでも綺麗。撮影が終わって遊んだり歌ったり。山を下りて洞窟を境に右と左に，それぞれ自分の部屋に入って，そこで団らん。村ではヘビをやっつけたお祝いをしている。ヘビの肉料理を食べ，ヘビのベルトをして」(#119, ♭100)，長きにわたるヘビとの戦いは，そこから薬や肉を手に入れるという形で終焉を迎えました。同時に，子ども時代に親しんだキャラクターたちにお礼の花束が贈られました。このことについて，「昔は高尚なものを好きにならないといけないと思っていた。ミーハーの反応に過剰な拒否反応があった」と振り返り，キャラクターたちとの新たな邂逅がみられたようでした。

（13）日常生活では，体が若くなり気持ちが自由で，エネルギーが湧く感覚

（イメージ開始後3年半が過ぎて）

　この頃，日常生活については，「体が若くなった感じがする。子どもっぽい物を素直に好きと思える。エネルギーが出てきた」（#121）と話されています。

　「ジャングルで象，ヘビ，トラが牙をむいて戦っている。ヘリコプターが墜落して家事になった。大惨事になりそう。動物が木をなぎ倒して，火が拡がらないようにしている。原始人がホースを持って来て，消火を始めた。焼けた中にヘビもいて，骨とか役に立つものを探し出している。コウモリは焼いたら珍味になると言っている。裸の王様は服を着ていないことに気付いたみたい。ドイツ人と原始人がパンとコウモリを物々交換している」（#122, ♭103）

　「宇宙のビー玉が海に落ちて，粉々になった。太陽に当たってきらきら光って綺麗。一部は竜が食べて，血と一緒に吐き出し，何かに変わる。槍を持った人間が，苦しんでいる竜を割いている。人間と怪物の戦いは続き，怪物は牛，豚，子羊，ウサギに変わった。これなら抱くこともできそうな感じ。うさぎがピョンピョンと土人の島に駈けていく。うさぎが魚に変わり，川を下る。誰かが魚を釣っている。広場の人たちがこれでパーティーができると，原始人が魚を焼いてみんなに振る舞っている。どんどん釣れて，釣れると言うより向こうから来る感じで，うさぎは毛皮やマフラーになるので無駄がない。余りなく無駄なく働いている」（#123, ♭104）。イメージ後，「以前は自分を出せないで消化不良だった。仕事の研修会で絵を描く機会があり，気持ちのまま自由に描けて驚いた」という報告がありました。

（14）修道女が後始末，焼け跡から花や芽生え

（イメージ開始後4年）

　「たくさんの修道女が土人の村だった所に行って，掃除をしている。ヘビの死骸を埋めて，血は洗い流し，生ごみを埋めた所から花とか芽が生え出した。修道女たちの質素な家が四，五軒並んでいる。十字架や礼拝堂，質素だけど綺麗でかわいい」（#126, ♭107）。イメージ後「最近，洋服とかも自分で自由に選んでいる。うまくいかない相手と前は無理して会っていたけど，今はうまく逃げている」という報告がありました。

長年にわたるイメージ・セッションは，日常での困り事を解決するためというより，Aさんの自己理解や自己治癒を手伝うために継続して行っていたという印象があります。その後，筆者が他地へ転任することになり，イメージ・セッションを終了しました。

2. その15年後のイメージの変容

その後，ある研修会の場でAさんと会う機会がありました。15年という時を経た再会でした。しばらく話した後，Aさんの方からイメージの話を始められました。「長い間格闘していたあのヘビは，その後大きな大きなヘビに変わって，今は私を守ってくれています。私が困った場面では必ず出てきてくれて，私を守ってくれるんです。首や体や腕を這って，甘噛みをするんですよ」と可笑しそうに笑いながら話してくれました。5年間にわたり，Aさんのイメージに伴走し，その間だけでも十分に感動的な場面を何度も体験させてもらいました。その後のイメージの変容を聞いて，イメージを自己治癒のために何十年も使ってくださっていたAさんへの感謝の気持ちと，イメージの不思議さ，人を導くイメージの力に，筆者は今さら乍ら深い感動を憶えました。

「辛いものを見ているけど，癒される」，「魚を鞄にいっぱい詰めて退院の仕度をする」，「幼いころ親しんだキャラクターたちに感謝の花束を贈る」など，捨て置かれていた子ども時代を慰め，もう一度生き直すかのような物語が，意識的にではなく，「イメージの自律運動」（藤岡，1974）として時間をかけて展開していきました。「神話の真の意義は，その魂の経験にある」と，フロム（1951）は書いていますが，この「魂の経験」とは，命が生きようとする時に起きる生命体の「自己治癒」や「自己治療」（成瀬，1987）活動そのものではないかと感じています。

文　献

Ablon, S.L.（1988）：Psychoanalysis of a stuttering boy. International Journal of Psychoanalysis, 69, 97-104.
Achterberg, J.（1985）：Imagery in Healing. 井上哲彰訳（1991）『自己治癒力—イメージのサイエンス』日本教文社.
Adams, M.R.（1984）：Stuttering theory, research, and therapy. Journal of Fluency Disorders, 9, 103-113.
Adams, M.R.（1988）：Five year retrospective on stuttering theory, research, and therapy. Journal of Fluency Disorders, 13, 399-405.
Anees, A. S.（2002）：Handbook of Therapeutic imagery techniques. 成瀬悟策監訳（2003）『イメージ療法ハンドブック』誠信書房.
Assagioli, R.（1984）：Psychosynthesis. 国谷・平松訳（1997）『サイコシンセシス』誠信書房.
Barnett, J.（1972）：Therapeutic intervention in the dysfunctional thought processes of the obsession. American Journal of Psychotherapy, 26, 338-351.
Bolton, D., Collins, S.（1983）：The treatment of obsessive-compulsive disorder in adolescence. British Journal of Psychiatry, 142, 456-464.
Bowyer, R.（1959）：The importance of sand in the world technique：An experimant, British Journal, Educ. Psychol. 29, 162-164.
Case, C. & Dalley, T.（1992）：The Handbook of Art Therapy. 岡昌之監訳（1997）『芸術療法ハンドブック』誠信書房.
Cassel, E.J.（1976）：The Healear's Art. 土居健郎・大橋秀夫訳（1981）『癒し人のわざ』新曜社.
Fretigny, R., Virel, A.（1968）：L'IMAGERIE MENTALE：Introduction a l'onirotherapie. 渡辺寛美・湯原かの子訳（1986）『夢療法入門』金剛出版.
Erickson, M.H. & Rossi, E.L.（1979）：Hypnotherapy；An Exploratory Casebook. New York, Irvington.
Fromm, E.（1951）：The Forgotten Language；As Introduction to the Understanding of Dreams, Fairy Tales and Myths. 外林大作訳（1963）『夢の精神分析—忘れられた言語』創元社.
藤岡喜愛（1974）『イメージと人間—精神人類学の視野』日本放送出版協会.
藤岡喜愛（1983）『イメージ—その全体像を考える』日本放送出版協会.
藤岡喜愛（1993）『イメージの旅』日本評論社.
藤城有美子・門前進（1996）「身体の動きがイメージに与える影響—語彙分類によるイメージ内容分析の観点から」催眠学研究, 41（1・2）25-33.
藤城有美子・門前進（1997）「イメージ特性に対する身体の動きの影響」催眠学研究, 42（2）

16-23.
藤城有美子・門前進（1999）「からだの動きと言語教示がイメージの感覚的側面に与える影響」催眠学研究，44（1）45-55．
藤原勝紀（1990）「座談会"イメージとは何か"」水島恵一編『現代のエスプリ275：イメージの心理とセラピー』至文堂，5-34．
藤原勝紀（1999）「座談会"イメージ療法を考える"」藤原勝紀編『現代のエスプリ387：イメージ療法』至文堂，5-36．
藤原勝紀（1994）「三角形イメージ体験法に関する臨床心理学的研究」九州大学出版会．
藤原勝紀（2001）『三角形イメージ体験法―イメージを大切にする心理臨床』誠信書房．
福田功（1972）「行動療法による難発性吃音の治療」相談学研究，5（2），101-107．
福留瑠美（1980）「シンナー依存のケース―気詰まりとして現れたもの」成瀬悟策編『イメージ療法』催眠シンポジアムⅩ，誠信書房，107-112．
福留瑠美（1981）「心理臨床場面における健康法と身体法の利用」成瀬悟策教授退官記念シンポジアム，九州大学出版会，195-203．
福留瑠美（1989a）「症状の認知と内的世界の体験について」広島大学総合科学部学生相談室活動報告書，14，27-33．
福留瑠美（1989b）「Sand-Play-Techniqueを通して見た苦悩感の処理過程について」広島修道大学学生相談室活動報告書，2，13-19．
福留瑠美（1992a）「壺イメージ療法を適用した吃音治療過程―イメージ技法についての若干の考察」心理臨床学研究，9（3）56-69．
福留瑠美（1992b）「箱庭における安全感の保持と心的構えの変容過程について」箱庭療法学研究，5（2）24-37．
福留瑠美（1992c）「イメージ構造から見た直面と非直面のパラドックス」広島修道大学臨床心理学研究，2，117-122．
福留瑠美（1993a）「イメージ療法」小川捷之監修『心理療法入門』金子書房，121-128．
福留瑠美（1993b）「「変移のプロセス」に関する臨床的覚え書き」広島修道大学学生相談室活動報告書，3，10-16．
福留瑠美（1994）「直面を和らげ，安全感を育成する治療的工夫について―イメージの治療例から」日本心理臨床学会第13回大会論文集．
福留瑠美（1995a）「受動攻撃的心性―精神病理と精神療法的意義」精神医学，37(2)129-136．(佐藤裕史・山口隆と共著)
福留瑠美（1995b）「イメージ療法」野島一彦編著『臨床心理学への招待』ミネルヴァ書房．
福留瑠美（1996）「強迫性格の親による巻き込みについて―青年期強迫神経症の事例から」心理臨床学研究，14（1）33-44．
福留瑠美（1997）「壺イメージの経験から考える―心を閉じ，開くということ」日本心理臨床学会第16回大会自主シンポ資料．
福留瑠美（1999a）「心理臨床におけるイメージ体験」藤原勝紀編『現代のエスプリ387 イメージ療法』至文堂，60-67．
福留瑠美（1999b）「強迫神経症における身体性の回復について」日本心理臨床学会第18回大会論文集．
福留瑠美（2000a）「イメージ体験が繋ぐからだと主体の世界」心理臨床学研究，18(3) 276-287．
福留瑠美（2000b）「自己完結的努力から相互共鳴への心的態度の拡大」日本心理臨床学会第

18回大会論文集.
福留瑠美（2001）「イメージ療法」『産業カウンセリングハンドブック』金子書房.
福留瑠美（2002）「強迫的な生き方における「自己弛緩」の意義─生活とからだの視点から」心理臨床学研究，20（3）287-298.
福留瑠美（2003）「自己理解の一技法としての「イメージ描画法」の試み─授業を通しての学生期の援助」学生相談（九州大学学生生活・修学相談室紀要）第4号，5-13.
福留瑠美（2004）「イメージ表現法におけるクライエントの「安全感」の育成に関する臨床心理学的研究」九州大学提出博士論文乙.
福留瑠美（2005）「イメージ療法」『心理療法ハンドブック』（共著）113-120，創元社.
福留瑠美（2009）「イメージ療法における工夫」宮田敬一・乾吉佑編『心理療法がうまくいくための工夫』金剛出版.
福留瑠美（2010）「イメージを手掛かりに安全感を育てる」心理臨床の広場，4, 16-17.
Gendlin, E.H.（1964）：A Theory of Personality Change. 村瀬孝雄編訳（1981）『体験過程と心理療法』ナツメ社.
Gerald, R.（1964）：Psychosynthesis：A psychotherapy for the whole man. Psychosynthesis Research Foundation, Issue, No.14.
Gibson, J.J.（1966）The Senses Considered as Perceptual Systems. Boston: Houghton Mifflin.
Gibson, JJ.（1979）The Ecological Approach to Visual Perception. Houghton Mifflin. 古崎敬他共訳（1985）『生態学的視覚論』サイエンス社.
Hammer, M.（1967）：The directed daydream technique. Psychotherapy, 4, 173-181.
本城秀次（1988）「子供の強迫症状」精神科治療学，3（5）697-705.
飯森眞喜雄（1998）「芸術療法における言葉」『芸術療法1　理論編』岩崎学術出版社.
市川浩（1977）『身体の現象学』河出書房新社，18-26.
Kalff, D.M.（1966）：The archetype as healing factor. Psychologia, 9, 177-184.
Kalff, D.M.（1966）：Sandspiel. Rasher Verlag Zurich. 河合隼雄監修，大原貢・山中康裕訳（1972）『カルフ箱庭療法』誠信書房.
神田橋條治（1990）『精神療法面接のコツ』岩崎学術出版社.
神田橋條治（1997）『対話精神療法の初心者への手引き』花クリニック神田橋研究会.
片口安史（1987）『新・心理診断法』金子書房.
河合隼雄（1969）『箱庭療法入門』誠信書房.
河合隼雄（1991）『イメージの心理学』青土社.
笠原嘉（1985）「訳者あとがき」Salzman, L.（1969）：The Obsessive Personality. 成田義弘・笠原嘉訳『強迫パーソナリティ』みすず書房.
北山修（1986）「話を置いておくこと─非言語化の試み」精神分析研究，30（2）93-100.
北山修（2009）「覆いをとること・つくること─〈わたし〉の治療報告と「その後」」岩崎学術出版社.
吉良安之（2002）『主体感覚とその賦活化』九州大学出版会.
吉良安之（2013）『セラピスト・フォーカシング』岩崎学術出版社.
熊田千佳慕（1998）『ファーブル昆虫記の虫たち4』小学館.
熊田千佳慕（2010）『私は虫である』求龍堂.
栗山一八（1987）「壺イメージを適用した心身症の症例，討論（4）」田嶌誠一編著『壺イメージ療法』創元社，192-208.
日下仁夫（1970）「吃音児の臨床心理学的研究」臨床心理学研究，8（4）44-52.

片坐慶子（1990）「サンドプレイードラマ法の試験的適用」箱庭療法学研究，3（2）79-91．
Leuner, H.(1969)：Guided affective imagery(GAI)：A methode of Intensive psychotherapy. American Journal of sychotherapy, 23, 4-22.
Lowen, A.(1967)：The Betrayal of The Body. 池見酉次郎監修，新里里春・岡秀樹（1978）『引き裂かれた心と体』創元社．
Lowenfeld, M.F.（1939）：The world picture of children. Brit. J. Med. Psycho. 18, 65-101.
Lowenfeld, M.F.（1950）：The nature and use of Lowenfeld world tecnique in Work with Children and Adults. J. Psycho, 30, 325-331.
Martin, L & Rossman, M. HEALING YOURSELF. 田中・西澤訳『イメージの治癒力』日本教文社．
増井武士（1981）「催眠分析とイメージ―心身イメージによる「整理」と「置いておくこと」について」催眠学研究，26, 17-19．
増井武士（1987）「症状に対する患者の適切な努力―心理臨床の常識への2, 3の問いかけ」心理臨床学研究，4（2）18-34．
増井武士（1999）「迷う心の「整理学」―心をそっと置いといて」講談社現代新書．
森田正馬（1953）『神経衰弱と強迫観念の根治法』白楊社．
水島恵一（1984）「イメージ面接の中での交わり」心理臨床ケース研究2．誠信書房．
水島恵一・小川捷之（1984）『イメージの臨床心理学』誠信書房．
水島恵一（1990）「座談会"イメージとは何か"」水島恵一編『現代のエスプリ 275 イメージの心理とセラピー』至文堂，5-34．
水島恵一（1999）「座談会"イメージ療法を考える"」藤原勝紀編『現代のエスプリ 387 イメージ療法』至文堂，5-36．
門前進（1995）『イメージ自己体験法―心を味わい豊かにするために』誠信書房．
村田純一（1984）「イメージの志向性」思想 612．
三木アヤ・光元和憲・田中千穂子（1991）『体験 箱庭療法』山王出版．
森谷寛之（1995）『子どものアートセラピー』金剛出版．
中井久夫（1976）「"芸術療法"の有益性と要注意点」芸術療法，7, 155-161．
中井久夫（1977）「ウィニコットの squiggle」Japanese Bulletin of Art Therapy, 8, 129-130.
中井久夫（1982）『精神科治療の覚書』日本評論社．
中井久夫（1984）「説き語り「境界例」」兵庫精神医療，5号，兵庫県精神医学研究会．
中井久夫（1987）「討論（2）」田嶌誠一編著『壺イメージ療法』創元社，118．
中村雄二郎（1977）『哲学の現在』岩波新書．
成田義弘他（1974）「強迫神経症についての一考察―「自己完結型」と「巻き込み型」について」精神医学，16（11）25-32．
成田義弘，（1994）『強迫症の臨床研究』金剛出版．
成瀬悟策（1959）『催眠面接の技術』誠信書房．
成瀬悟策（1968）『催眠面接法』誠信書房．
成瀬悟策（1971）『催眠シンポジウムⅡ イメイジ』誠信書房．
成瀬悟策（1971）『催眠シンポジウムⅢ 自己制御・自己治療』誠信書房．
成瀬悟策（1979）『催眠シンポジウムⅨ 心理療法におけるイメージ』誠信書房．
成瀬悟策（1980）『催眠シンポジウムⅩ イメージ療法』誠信書房．
成瀬悟策（1987）『動作療法』九州大学教育学部障害児臨床センター．
成瀬悟策（1988）『自己コントロール法』誠信書房．

成瀬悟策（1988）『イメージの時代』誠信書房.
成瀬悟策（1999）「座談会 "イメージ療法を考える"」藤原勝紀編『現代のエスプリ 387　イメージ療法』至文堂.
成瀬悟策（2000）『動作療法』誠信書房.
成瀬悟策（2009）『からだとこころ―身体性の臨床心理』誠信書房.
名島潤慈（2003）『臨床場面における夢の利用【能動的夢分析】』誠信書房.
Naumburg, M.（1966）：Dynamically Oriented Art Therapy. 中井久夫監訳・内藤あかね訳（1995）『力動指向的芸術療法』金剛出版.
岡田康伸（1984）『箱庭療法の基礎』誠信書房.
小木貞孝（1986）「序文（Fretigny, R. et Virel, A.）（1968）：L'IMAGERIE MENTALE Introduction a l'onirotherapie. 渡辺寛美・湯原かの子訳『夢療法入門』金剛出版.
Richardson, A.（1969）：Mental Imagery. 鬼沢・滝浦訳（1973）『心像』紀伊國屋書店.
Rogers, N.（1993）：The Creative Connection：Expressive Art as Healing. 小野京子・坂田祐子訳（2000）『表現アートセラピー』誠信書房.
Salzman, L.（1969）：The Obsessive Personality. 成田義弘・笠原嘉訳（1985）『強迫パーソナリティ』みすず書房.
佐々木正人（1987）『からだ―認識の原点』東京大学出版会.
佐々木玲仁（2012）『風景構成法のしくみ　心理臨床の実践知をことばにする』創元社.
関則雄他（2002）『アート×セラピー潮流』フィルムアート社.
下條信輔（1999）『〈意識〉とは何だろうか』講談社現代新書.
Singer, J.L.（1974）：Imagery and Daydream Methods in Psychotherapy And Behavior Modification. New York：Academic Press.
Spiegelman, J.M. & 河合隼雄（1994）町沢・森訳『能動的想像法』創元社.
Sullivan, H.S.（1954）：The psychiatric Interview. New York Norton. 中井久夫他訳（1986）『精神医学的面接』みすず書房.
Sullivan, H.S.（1956）：Clinical Study in Psychiatry. 中井久夫他訳（1983）『精神医学の臨床研究』みすず書房.
田嶌誠一（1987）『壺イメージ療法―その生いたちと事例研究』創元社.
田嶌誠一（1991）「青年期境界例との「つきあい方」」心理臨床学研究, 9（1）32-44.
田嶌誠一（1992）『イメージ体験の心理学』講談社.
田嶌誠一（1995）「強迫的構えとの「つきあい方」の一例」心理臨床学研究, 13（1）26-38.
田嶌誠一（1998）「強迫症状との「つきあい方」」心理臨床学研究, 15（6）573-587.
田嶌誠一（2011）『心の営みとしての病むこと―イメージの心理臨床』岩波書店.
立川博（1971）「東洋医学におけるリラクセーションの理論と方法」成瀬悟策編『自己制御・自己治療』誠信書房.
滝川一廣（1984）「日常臨床の中の「風景構成法」」山中康裕編集『中井久夫著作集別巻』岩崎学術出版社, 37-72.
滝川一廣（1998）「精神療法とは何か」星野弘他編『治療のテルモピュライ』星和書店.
鑪幹八郎（1998）『夢分析と心理療法・臨床で夢をどう生かすか』創元社.
寺沢英里子（2010）『絵画療法の実践―事例を通してみる橋渡し機能』遠見書房.
徳田完二（2009）『収納イメージ法―心におさめる心理療法』創元社.
徳田良仁・大森健一・飯森眞喜雄・中井久夫・山中康裕（1998）『芸術療法 1　理論編』岩崎学術出版社.

徳田良仁・大森健一・飯森眞喜雄・中井久夫・山中康裕（1998）『芸術療法 2　実践編』岩崎学術出版社.
鶴光代（1989）「からだを拓く―チックに悩む青年への動作療法」翔門会編『動作とこころ』九州大学出版会.
鶴光代（1991）「動作療法における「自体感」と体験様式について」心理臨床学研究（1）5-17.
岡昌之（2007）『心理臨床の創造力―援助的対話の心得と妙味』新曜社.
氏原寛（2002）『カウンセラーは何をするのか―その能動性と受動性』創元社.
氏原寛・田嶌誠一編（2003）『臨床心理行為―心理臨床家でないとできないこと』創元社.
内須川洸（1958）「吃音の治療に関する心理学的研究」臨床心理学研究, 5（2）116-124.
内須川洸（1970）「吃音に関する最近の研究動向について」臨床心理学研究, 8（4）1-9.
Van Riper, C.（1946）: Speech Correction : Principles and Methods. New York : Printice-Hall.
山中康裕（1995）「箱庭療法の適応と禁忌. 精神科治療学」10（6）627-630.
山中康裕（1984）「「風景構成法」事始め」山中康裕編集『中井久夫著作集別巻　風景構成法』岩崎学術出版社. 1-36.
山中康裕（1999）『心理臨床と表現療法』金剛出版.

あとがき

　蟻のように歩んできた長年の経験を，今ようやくまとめることができて，安堵しています。

　私とイメージ療法との出会いは，九州大学での恩師成瀬悟策先生の催眠研究会に始まります。当時はまだ臨床経験も浅く，十分に自分のものにすることができないでいました。その後，広島修道大学学生相談室で田嶌誠一先生と仕事を共にさせていただき，壺イメージ療法と出会いました。心理療法の数あるアプローチの中で，イメージ療法を自身が使える技法として身につけてきたのには，数々の偶然と必然が働いてきたのだろうと思います。進路に迷っていた10代後半に，書店で偶然手にしたエーリッヒ・フロムの THE FORGOTTEN LANGUAGE — As Introduction to the Understanding of Dreams, Fairy, Tales and Myths.（『夢の精神分析—忘れられた言語』）に魅かれ，臨床心理学の道に進む決心をしました。実は，長い間このことを忘れていて，本書の最終章を執筆中に記憶が蘇り，若かった頃の偶然の選択が，底流では脈々と今に繋がっていたことに気づかされ驚きました。

　今までに私を導き，支えてくださった先生方，仕事を一緒にしてくださった方々，また学生のみなさんに心よりお礼を申し上げたいと思います。

　臨床心理の仕事は，クライエントとの共同作業で成り立っており，専門家はクライエントによって鍛えられ，育てられるものです。心理臨床家が一人で何かを生み出すことはできないという意味で，本書は私が伴走させていただいた多くのクライエントとの共著と言えます。本書への掲載の許可をくださった方々に，心より感謝の意を表したいと思います。お会いできる範囲の方には，

原稿に目を通していただきましたが、直接許可を得ることのできなかった20年から十数年以上前の事例については、個人情報の記載にできるだけの配慮をいたしました。なお、イメージ画は、すべて報告を基にした筆者の手によるものです。

　最後になりましたが、本作りのイメージを共に練ってくださった金剛出版社長の立石正信氏に心よりお礼を申し上げます。

2015年初冬　定年退職を前に
福 留 留 美

索　引

あ
アートセラピー……………………… 27
アサジョーリ………………………… 22
アフォーダンス…………………… 166
安心の壺…………………………… 3, 147
安心や癒しの壺… 147, 148, 149, 150
安全感覚……… 25, 29, 30, 31, 34, 36, 39, 40, 44, 49, 52, 53, 54, 55, 58, 73, 88, 97, 105, 109, 115, 116, 117, 147, 174, 182
「安全感」の概念 …………… 31, 32

い
意識的なコントロールの手綱を緩める
　　………………………………… 53
いじめ…… 129, 130, 131, 132, 133, 184
居場所………………… 189, 192, 193
イメージ・コントロール………… 57
イメージ自己体験法……………… 23
イメージ終了………………… 74, 163
イメージ層の深化………… 187, 188
イメージ体験世界…………… 21, 25
イメージ
　　――と日常生活との繋がり……… 104
　　――における層……………… 168
　　――の外在化作業…………… 183
　　――の情景………………… 15, 17
　　――の自律性…… 14, 18, 26, 53
　　――の自律領域……………… 18
　　――の制御可能領域………… 18
　　――の性質………………… 16, 90
　　――の全景…………………… 192
　　――の流れ…… 14, 24, 27, 69, 73, 102
　　――の変容………… 56, 186, 199
　　――の幕の重層化…………… 188
　　――の見方…………………… 14
　　――の役割……………… 87, 96
イメージ描画…… 173, 174, 176, 180, 182
イメージ描画による感情調整法… 173, 174, 182
イメージ表現法… 26, 28, 29, 31, 34, 36, 47, 52, 61, 115, 116, 166
イメージ法…………… 1, 11, 13, 15, 16, 17, 23, 28, 29, 36, 39, 50, 56, 57, 58, 59, 62, 63, 64, 65, 69, 71, 76, 79, 80, 81, 82, 87, 88, 89, 90, 91, 92, 106, 109, 114, 117, 118, 119, 120, 122, 124, 125, 130, 134, 142, 147, 148, 151, 163, 168, 182, 186
イメージ法の禁忌………………… 59
イメージ法の適用………………… 56
イメージ療法…… 21, 22, 23, 24, 25, 26, 28, 33, 51, 61, 70, 165
イメージ療法で目指すもの……… 24
インフォームド・コンセント… 64, 70

う
ウェイドソン……………………… 27

か
開眼…… 13, 16, 69, 70, 71, 75, 79, 83, 91, 100, 118, 119, 120, 122, 123, 124, 127, 130, 134, 138, 142, 144, 147, 148, 151, 157, 167, 168, 169

開眼イメージ法……16, 71, 118, 119, 120, 130, 142, 147, 148, 151
開眼壺イメージ法………120, 122, 168
過喚起発作………………………125
片口安史……………………32, 33
からだとの関係性の変化……96, 97
からだを動かすことの影響……165
カルフ…………………26, 31, 32
河合隼雄…………………………27
感情処理を巡る問題……………39
感情調整法…………173, 174, 182
感じるままを受け止める………13
神田橋…………………32, 61, 62

き
危機感覚……25, 29, 31, 34, 36, 39, 40, 44, 49, 52, 54, 88, 117, 121
「危機感覚」の覚知………31, 36, 39
危機的イメージ……………63, 90
北山修……………………59, 114
吃音………64, 80, 81, 87, 115, 169
気になる壺……83, 92, 97, 142, 144, 147, 148, 150
ギブソン……………………166, 167
気分の変化……15, 50, 57, 106, 143, 180, 182, 183
強迫性障害…………91, 142, 167, 168
拒否的な支配関係…………98, 142

く
熊田千佳慕……………………44
クライエントのイメージの流れ……27
クライエントの自己治癒力……28
クライエントを破壊しない……108
栗山一八……………………23

け
ゲシュタルト心理学……………23
現実体験世界………………21, 25
現状認識……………………180, 182

こ
行動の変化…………………49, 58
心の構え…………………………14
言葉の交換過程…………………60

さ
サイコシンセシス…………22, 89
サリヴァン…………………31, 32
三角形イメージ体験法…………23
サンドプレイードラマ法………28

し
ジェラルド………………………89
自己イメージの変化……………134
自己認識の深まり………………183
自分との付き合い方……………184
自由で保護された空間…………26
収納イメージ法……………23, 114
終末期医療………………………122
自由連想法………………………22
主体感覚…………………………98
初回面接……………………105, 151
身体感覚……14, 17, 18, 34, 39, 48, 49, 50, 54, 71, 73, 88, 91, 92, 95, 96, 97, 98, 120, 121, 141, 142, 166, 167, 174, 175, 191, 192
心的自己……………………32, 98

せ
制御可能性…………17, 47, 48, 90
摂食障害……99, 104, 134, 141, 142,

169
セラピスト-クライエント関係…… 52，
　53，54，55，64
セラピストの介入の仕方……………… 39
セラピストの自己理解………………… 76
セラピストの役割………… 26，28，116
セルフ・コントロール………… 50，121

そ
喪失体験……………………………… 122

た
体験的距離… 29，30，32，33，34，50
体験様式の変化……………… 24，25，186
対人恐怖……………………… 97，110
滝川一廣……………………………… 55
田嶌誠一…… 23，24，28，33，56，62，
　63，90，114，117，120
溜まり場……………………………… 60

ち
直面化………………………… 114，115
直面の回避…………………………… 109

つ
壺イメージ法…… 1，28，29，62，63，
　64，65，76，82，92，106，109，114，
　117，118，119，120，122，124，134，
　168
壺イメージ法の特性………………… 64
壺イメージ療法……………………… 23
壺の中の恐怖対象…………………… 80

と
ドゥゾワイユ………………………… 22
徳田完二………………………… 23，114

トラウマ………… 129，130，133，169

な
中井久夫……………………… 64，117
成瀬悟策………………… 23，32，98

の
能動的想像法………………………… 22

は
箱庭療法…………… 23，26，27，29
母親から侵入される不安………… 124
母親からの巻き込み体験………… 127
母親との葛藤……… 99，105，124，169
ハマー………………………………… 89

ひ
ヴィレル……………………… 22，104
非直面化の作業…………………… 114
描画療法……………………………… 26
病態レベルによる照準の違い……… 115

ふ
藤岡喜愛…… 14，18，21，26，47，199
藤原勝紀………………………… 23，56
フリー・イメージ…… 36，39，49，65，
　72，86，91，96，100，168
フレティーニ………………… 22，104
フロイト……………………… 22，31

へ
閉眼…… 13，15，16，36，39，59，69，
　71，76，82，91，106，110，112，
　118，119，120，142，151，152，154，
　155，158，159，161，162，163，167，
　168，169

閉眼イメージ法…… 69, 118, 119, 151
閉眼フリー・イメージ法…………… 36

ほ
ボウルディング………………… 21, 25

ま
増井武士…………… 23, 62, 114
マスロー………………… 31, 32
迷う心の「整理学」………………… 23

み
水島恵一………………… 23, 27
見立て………………… 59, 60

も
門前進…………………………… 23

ゆ
誘導覚醒夢………………… 22

誘導感情イメージ………………… 22
夢分析………………… 22, 23
夢療法………………… 22
ユング………………… 22, 23, 31

よ
欲求階層説………………… 31

ら
楽になる工夫………… 58, 110

り
リチャードソン………………… 22

れ
連想語検査………………… 22

ろ
ロイナー………………… 22, 89
ロールシャッハテスト………… 32

■著者略歴
福留留美（ふくどめ・るみ）
1950年　大阪市生まれ
1980年　九州大学大学院教育学研究科博士後期課程満期退学
　　　　韓国啓明大学校日本学研究所研究員，広島修道大学学生相談室，広島大学総合科学部学生相談室，スクールカウンセラー，精神科クリニック勤務等を経て
1997年　兵庫県立看護大学看護学部助教授
2002年　九州大学アドミッションセンター助教授
2003年　日本心理臨床学会　奨励賞
2010年　九州大学高等教育開発推進センター教授
現　在　九州大学基幹教育院教授，博士（人間環境学）
　　　　キャンパスライフ・健康支援センター学生相談室カウンセラー
資　格　臨床心理士，大学カウンセラー
主　著　『行動主義と現象学』（共訳，1978，岩崎学術出版），『児童発達の動作学』（共訳，1980，誠信書房），『イメージ療法』（共著，1980，誠信書房），『心理療法入門』（共著，1993，金子書房），『臨床心理学への招待』（共著，1995，ミネルヴァ書房），『教育動作法』（共著，2003，学苑社），『心理療法がうまくいくための工夫』（共著，2009，金剛出版）

実践イメージ療法入門
──箱庭・描画・イメージ技法の実際──

2016年3月15日　印刷
2016年3月26日　発行

著　者　福留　留美
発行者　立石　正信

印刷　新津　印刷
装丁　臼井新太郎

発行所　株式会社　金剛出版
〒112-0005　東京都文京区水道1-5-16
電話 03-3815-6661　振替 00120-6-34848

ISBN 978-4-7724-1475-3 C3011　　Printed in Japan©2016

ストレスマネジメントと臨床心理学
心的構えと体験に基づくアプローチ

［著］=山中寛

●A5判 ●上製 ●260頁 ●本体 **3,600**円+税
● ISBN978-4-7724-1335-0 C3011

ストレスマネジメントの基本原理と
臨床心理学的方法・効果を解説。
リラクセーションや動作法を応用した
臨床技法にもふれている。

風景構成法
「枠組」のなかの心象

［著］=伊集院清一

●A5判 ●上製 ●200頁 ●本体 **3,400**円+税
● ISBN978-4-7724-1339-8 C3011

「風景構成法」
理解と
実施のための
懇切な指導書。

バウムテストの読み方
象徴から記号へ

［著］=阿部恵一郎

●B5判 ●並製 ●208頁 ●本体 **3,200**円+税
● ISBN978-4-7724-1321-3 C3011

長年、バウムテストを使用してきた著者による手引書。
テストの実施方法から読み方まで丁寧に解説する。
巻末には、いままでのバウムテストの
サイン対照表を掲載。

新訂増補 方法としての行動療法

[著]=山上敏子

●四六判 ●並製 ●244頁 ●本体 **2,800**円+税
● ISBN 978-4-7724-1468-5 C3011

わたくしの治療法─行動療法。
2007年に刊行された初版に新たな論文を加え、
新訂増補版とした。
山上流治療法を平易な言葉で学習できる。

面接技術の習得法
患者にとって良質な面接とは？

[著]=木村宏之

●A5判 ●上製 ●180頁 ●本体 **3,000**円+税
● ISBN978-4-7724-1423-4 C3011

著者が開いている精神療法の基礎セミナーをまとめた魅力あふれる一冊。
「面接技法の基本を学ぶ」ことに重点を置き，
できるだけ専門用語を使わず，
具体的に考えていく。

心理療法における言葉と転機
プロセス研究で学ぶセラピストの技術（わざ）

[著]=山尾陽子

●A4判 ●上製 ●240頁 ●本体 **3,200**円+税
● ISBN978-4-7724-1412-8 C3011

心理療法の中での言葉の機能と
転機（治癒機転）についての詳細な論考。
ベテランセラピストの臨床的経験則を
精密に解読する。

田嶌誠一の本

密室カウンセリングよ どこへゆく？

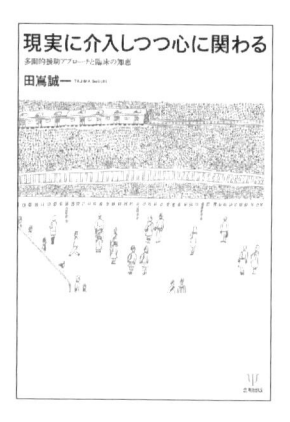

田嶌誠一

● A5判 ● 上製 ● 280頁 ● 本体 3,800円+税

現実に介入しつつ心に関わる
多面的援助アプローチと臨床の知恵

田嶌心理臨床の到達点を示す渾身の書！

児童福祉施設における 暴力問題の理解と対応
続・現実に介入しつつ心に関わる

田嶌誠一

● A5判 ● 上製 ● 752頁 ● 本体 8,500円+税